Rebecca Bellin-Sonnenburg
Die Prinzessin ist tot – Es lebe die Königin!

Rebecca Bellin-Sonnenburg

Die Prinzessin ist tot –

Es lebe die Königin!

So regieren Sie Ihr Leben
ab der Lebensmitte

ARISTON

FSC
Mix
Produktgruppe aus vorbildlich
bewirtschafteten Wäldern und
anderen kontrollierten Herkünften
Zert.-Nr. SGS-COC-1940
www.fsc.org
© 1996 Forest Stewardship Council

Verlagsgruppe Random House FSC-DEU-0100
Das für dieses Buch verwendete FSC-zertifizierte Papier
Super Snowbright liefert Hellefoss AS, Hokksund, Norwegen.

Bibliografische Information der Deutschen Bibliothek

Die Deutsche Bibliothek verzeichnet diese Publikation in der
Deutschen Nationalbibliografie; detaillierte bibliografische Daten
sind im Internet unter http://dnb.ddb.de abrufbar.

© Heinrich Hugendubel Verlag, Kreuzlingen/München 2008

Umschlaggestaltung: Christ GriesbeckDesign unter Verwendung
eines Motivs von Corbis
Abbildung Seite 30: © Interfoto München
Satz: EDV-Fotosatz Huber/Verlagsservice G. Pfeifer, Germering
Druck und Bindung: GGP Media GmbH, Pößneck
Printed in Germany

ISBN 978-3-7205-4017-9

Inhalt

Prolog 9

Willkommen in »Happy-Magic-Fifty«! 13
   Eine kleine Bestandsaufnahme 18
   Warum die Königlichen Hoheiten? 20
   Weibliche Hoheiten bevorzugt! 22
   Prägungen für die Prinzessin –
      Aussichten für die Königin 24
   Wie sah es aus bei unseren Müttern
      und Großmüttern? 26

Wie wär's mit einem langen Leben, Majestät? 33
   Wir werden heute völlig anders alt 35
   Vom kleinen Tod und dem langen Leben 37
   Eure Hoheit, eine Krönung steht an! 40
   Es gibt keinen Königsweg für Königinnen 41

Und wenn die Prinzessin alles stets erhalten hat ...
lebt sie morgen so wie gestern! 45
   Nur Mut zum eigenen Potenzial, Euer Hoheit! ... 49
   Schluss mit den dummen Bescheidenheiten! ... 53
   Die müde Kriegerin 54
   Queen Mum 55
   King Dad 60

Was wir schon immer wussten ...
und nun endlich tun sollten! 63
   Wir sind die Phönix-Generation 65
   Die Weisheit der Kabbala 67
   Das Rezept für Frische und Schönheit 71

Majestät, wussten Sie schon, dass Sie ein
Archetypus sind? 75
   Königin, Magierin, Künstlerin und Kriegerin 80
   Die gesunde und runde Königin 85
   Die archetypischen Prägungen der Prinzessin
      durch ihre Familie 88
   Eure Hoheit, jetzt wird gearbeitet! 97
   Der Überzeugungszirkel 101
   Zwischenbilanz und Richtungsbestimmung 105

Jede kehrt in ihrem Reich, Majestät! 109
   Wie willst du leben in deinem Reich? 113
   Die Königin geht auf Sendung 116
   Regieren erfordert eine Vision, Majestät! 119
   Perfektion – nein danke! 127

Krisen – Die Höhe- und Wendepunkte
unseres Lebens 131
   Persönliche Erfahrungen mit der Krise 133
   Krisen in der Lebensmitte 140
   Die Königin bleibt auch in der Krise
      in Führung 143
   Ohnmacht oder Macht? 145
   Die Haltung der Königin in der Krise 151

Inhalt 7

Von Prinzen und Königen 157
   Wie sieht's aus zwischen Königin und König? ... 164
   Wahrheit bringt Klarheit! 168
   Von Hauskatern ... und Tigern 171
   Veredelung statt Trennung 175
   Liebe + Neugier = Lebensfreude 178
   Majestät, gestalten statt verwalten!
      Trennung einmal anders 181
   So kann eine Familiengeschichte aussehen 185
   Die Königin und die Macht der Kirche 191
   Die Königin und die Macht der Gesellschaft 194
   Synergie als gemeinsame Erfolgsgrundlage 197
   Prinzen, Mogelpackungen und echte Könige ... 201
   Wichtig für das Königliche Paar 205
   Ein kleiner Warnhinweis für die Königin 207
   Die echte Königin verkörpert die schönste
      Weiblichkeit 208
   Die erotische Königin 211

Epilog 217
Über die Autorin 221

Verzeichnis der Übungen:
Prägende Bilder.............................. 29
Die Übung zu den Lebensbereichen, Teil 1 69
Die Übung zu den Lebensbereichen, Teil 2 73
Die Übung zu den Archetypen und zu den
   Lebensbereichen, Teil 3 87
Du selbst als Kind 89
Die Übung mit deinem Foto als Mädchen......... 97
Eine kleine Atemübung 99
Die Übung zu den Lebensrichtungen 106
Bilder für das eigene Lebensgefühl.............. 121
Die Vision sichtbar und begreifbar machen 122
Die Übung zur Partnerschaft................... 165

Prolog

> Wie ungerecht behandeln sich jene,
> die der Sonne den Rücken zuwenden
> und nichts sehen als die Schatten,
> die ihre Körper auf die Erde malen.
>
> *Khalil Gibran*

Bewusst habe ich mit diesen Zeilen von Khalil Gibran begonnen, um gleich zu Anfang klarzustellen, dass wir uns in diesem Buch nicht den langen Schatten der Lebensabend-Philosophie ab 50 zuwenden werden, die ihren Ausdruck in dem Satz: »Das ist der Anfang vom Ende«, hat.

Wenn Sie also einen Ratgeber zum Thema Menopause erwarten, dann war dies der Griff ins falsche Regal! Ich werde hier auch nichts über die finanzielle Absicherung des Lebensabends schreiben oder darüber, welche Baumaßnahmen Sie demnächst für altersgemäßes Wohnen berücksichtigen sollten. Genauso wenig wird dieses Buch ein beruflicher Ratgeber für Frauen um die 50 unter dem Druck der Kündigungsgesetzgebung sein.

Verstehen Sie mich richtig, alle diese Themen sind wichtig und haben ihre volle Daseinsberechtigung. Das Gute ist: Darüber ist schon ausreichend geschrieben worden, so dass jedem dieses Wissen zur Verfügung steht, der sich dort hineinvertiefen möchte. Mir wiederum gibt dies die Chance, ganz anders an das Thema der weiblichen Lebensmitte heranzugehen. Ich will Ihnen nämlich vermitteln, was für unsere Generation die Lebensqualität unserer nächsten Lebensjahrzehnte entscheidend bestimmen wird: die Erkenntnis und das Bewusstsein, anders zu sein als die Generationen davor. Wir sind anders, weil es so etwas wie uns noch nie gab! Wir sind die jüngsten Fünfzigjährigen in der Menschheitsgeschichte! Wir haben ab 50 mehr Zeit zu leben als alle anderen vor uns!

Deswegen möchte ich Sie mit diesem Buch zu der Freiheit inspirieren, ohne vorgegebene und beschränkende Altersvorgaben, also völlig unvoreingenommen, wieder Sie selbst zu sein. Nur mit dieser inneren Freiheit können wir diese historische Chance für uns annehmen. Tatsächlich existieren ja für so lange vitale Lebensspannen noch keinerlei Entwürfe und Ideen. Deswegen werde ich Sie zu drei Punkten ermutigen:

- Aufzuhören, die Frau sein zu wollen, von der Sie vielleicht schon lange glauben, sie sein zu müssen!
- Auf keinen Fall die Frau zu sein oder zu werden, die man von Ihnen laut Alter in der Geburtsurkunde erwartet!
- Die Frau zu sein, die Sie eigentlich sind! Sie können sie ab jetzt wirklich sein!

Ich möchte Ihnen eine interessante Reise zu sich selbst und einen intensiven Flirt mit dem Leben anbieten. Dazu werde ich Ihnen Szenarien, verschiedene Übungen und Geschichten, auch aus meinem eigenen Leben, vorstellen. Die Geschichten und Episoden aus meinem Leben habe ich hier bewusst hineingebracht, weil ich sie besonders aus der Erfahrung der letzten Jahre für authentischer und ehrlicher ansehe, als wenn ich Ihnen zur Verdeutlichung meiner Sichtweisen Geschichten meiner Klientinnen, die ich zudem wegen der Vertraulichkeit hätte verfremden müssen, angeboten hätte.

Dieses Buch ist ein sehr persönliches Buch geworden. Dies liegt mit an der Brustkrebsdiagnose, die ich, kurz nachdem ich dieses Buchkonzept entwickelt und dem Verlag erfolgreich angeboten hatte, bekam. »Ich lasse die Prinzessin wirklich gründlich sterben!«, schrieb ich damals unter dem Eindruck der ersten Chemotherapie an den Verlag.

Ich hätte vorher einen viel sachlicheren und auch andere Lebensbereiche stärker umfassenden Ratgeber geschrieben. Nun wurde mir durch die Lebensbedrohlichkeit der Krankheit wieder wesentlich bewusst, dass in unseren entscheidenden Stunden nur unser Verhältnis zu uns selbst und zu den Menschen, die wir lieben, zählt. So wählte ich die persönlichere Schreibform einer direkten Anrede. Ich wollte Ihnen, liebe Leserin, wie in einem persönlichen Gespräch begegnen. Inhaltlich rückte ich die Beziehungen der Königin neben der begeisternden Idee für eine Wiedergeburt in ein zweites Leben, eine zweite Lebenshälfte, in den Mittelpunkt dieses Buches.

Ich weiß aus der Erfahrung jener Monate, dass wir manchmal mit dem Körper unserer seelischen Entwicklung vorauseilen – wie in der Geschichte vom Indianer am Wegesrand. Er würde gefragt, warum er dort sitzt und wartet. Er antwortete: »Ich war zu schnell unterwegs und muss jetzt auf meine Seele warten, damit sie mich einholen kann.« Manches Mal ist es aber auch umgekehrt, dann ist die Seele dem Körper in der Entwicklung vorausgeeilt.

Bitte nehmen Sie sich während des Lesens und für die Übungen, ganz besonders jedoch für die Verarbeitung und Umsetzung Ihrer Resultate, die entsprechende Zeit. Ich kann Ihnen das für Ihre persönliche Ganzwerdung, Ihre Vervollständigung nur empfehlen. Mit der vielen Zeit, die wir noch vor uns haben, können wir die Hast und Ungeduld, den Stress der frühen Jahre, wirklich hinter uns lassen. Die kluge Königin in diesem Buch weiß das.

Für die Lektüre der nun folgenden Kapitel möchte ich Ihnen die schöne Weisheit eines schlauen griechischen Philosophen mit auf den Weg geben:

> Mut steht am Anfang des Handelns,
> Glück am Ende.
> *Demokrit*

Willkommen in »Happy-Magic-Fifty«!

Gleich zu Beginn lade ich Sie zu einer fantastischen Reise ein. Vielleicht wird es eine Herausforderung, vielleicht nur Spaß, vielleicht eine Inspiration. Machen Sie einfach mit! Los geht´s!

Wie wäre es, wenn in einer Gesellschaft der 50. Geburtstag das wichtigste Datum und der entscheidende Meilenstein im Leben der Menschen wäre?

Stellen Sie sich Folgendes vor und lassen Sie sich darauf ein:

Alle Menschen, egal ob Männer oder Frauen, erwarten, sobald sie denken können, sehnlichst ihren 50. Geburtstag. Die Jahre vor diesem Datum dienen der Vorbereitung auf die entscheidende zweite Lebensphase. Denn mit dem Erreichen des 50. Geburtstags beginnt das eigentliche Leben! Schule, Ausbildung, Familiengründung und Erziehung von Kindern, Karriere und Fortbildung – alles das ist nur der Vorlauf für das eigentliche Leben. Danach erst folgen die vielen lebendigen und erfüllten Jahrzehnte eines freien und selbstbestimmten Lebens.

Der 50. Geburtstag ist dann eine große, glückliche und wichtige Feier. Das »Geburtstagskind« bekommt an diesem Tag sehr viel Anerkennung, Liebe und Aufmerksamkeit. Es ist die Zuerkennung des Meistergrades nach der Lehrzeit und den Gesellenjahren. Für viele eine wirkliche Initiation. So feiern manche das Erreichen dieses Alters mit verschiedenen Festen den ganzen Geburtstagsmonat hindurch.

Jetzt kann der 50-jährige endlich voll autorisiert alles in seinem Leben frei wählen und entscheiden. Dies gilt nicht etwa nur für politische Wahlen. Wesentlich für die Lebensqualität sind vor allen Dingen natürlich die Entscheidungen, die die eigene Person betreffen.

Wie gefällt Ihnen diese Vorstellung? Lassen Sie sich weiter auf die Geschichte ein:

Zunächst ist es noch wichtig zu wissen, dass Menschen ab 50 das Schönheitsideal der Gesellschaft bestimmen. Nicht kindliche Glattheit, sondern lebendige, ausdrucksstarke, individuell geprägte Gesichter, die eine erfahrene Persönlichkeit widerspiegeln, werden angestrebt.

Auch Körper und Haare können Ausdruck von Charakter und Einzigartigkeit sein. Viele unterstreichen deshalb ihr Äußeres zusätzlich durch sehr individuelle Kleidung und einen ganz persönlichen Stil. Endlich sind sie frei und unabhängig von genormten Trends und dem Anpassungsdruck, der in früheren Jahren ihr Leben mitbestimmt hat. Die starke Kreativität der Modemacher über 50, die zuhören können und sich auf die Lebensbedürfnisse ihrer Kunden gut einstellen, gibt den individuellen Persönlichkeiten viele Möglichkeiten im eigenen Ausdruck.

Die Menschen ab 50 werden als lebendige Gesamtkunstwerke anerkannt und geschätzt. Wirkliche Schönheit beginnt eben erst ab 50!

Nun zu den persönlichen Entscheidungen: Ab 50 können die Menschen frei ihren Wohnort und die Art ihres Wohnens bestimmen. Sie müssen nicht mehr wie zuvor wegen ihrer Familien in den dafür geeigneten Wohnungen, Häusern und Umgebungen mit

Schulen, Kindergärten, eben der entsprechenden Infrastruktur, leben. Jetzt können sie frei entscheiden, welche Art des Wohnens ihrem inneren Lebensgefühl entspricht.

Natürlich können sie auch in ihren alten Wohnungen bleiben. Doch sie haben die Freiheit, an das Meer zu ziehen, die Künstlerwohnung im Dachgeschoss zu bewohnen, die Stadtvilla am Park oder das Penthouse zu wählen, ein Kutscherhäuschen allein zu beziehen oder mit dem Lebenspartner und sogar auch mit einer Gruppe von Freunden oder Familienmitgliedern zusammen in einem Mehrfamilienhaus oder auf einem Hof auf dem Lande zu leben. Alles ist möglich.

Jede Frau, jeder Mann haben nun ein oder mehrere eigene Zimmer, oftmals eigene Schlafzimmer mit eigenem Badezimmer, auf jeden Fall endlich eigenen Raum zur ganz individuellen Gestaltung. Besonders für die Frauen, die oft in den Lebensjahrzehnten zwischen Anfang 20 und 50 kein wirklich eigenes Zimmer hatten, ist dies nun die Zeit, sich selbst einen oder mehrere eigene persönliche, harmonische Räume zum Zurückziehen zu schaffen. Der gelebte Anspruch auf ein eigenes Territorium ist ein zutiefst wichtiges Grundbedürfnis, das jetzt voll befriedigend erfüllt wird.

Frauen und Männer ab 50 können nun auch ihren Partner ganz frei wählen. Es geht nicht mehr darum, ob der Mann ein zuverlässiger Familienvater mit einer einträglichen beruflichen Laufbahn sein wird und kann beziehungsweise ob die Frau verlässlich und treu und eine gute und liebevolle Mutter sein wird. Ab dem 50. Geburtstag kann der Partner frei und unabhängig gewählt werden. Liebe und gegenseitige Anerkennung sind nun die Basis von lebendigen, teilweise sehr erotischen und fröhlichen Beziehungen, in denen sich die Partner gegenseitig unterstützen und fördern, sich Geborgenheit schenken, sich begehren und sich Freiheiten geben. Beide genießen die Lebensqualität ihrer Beziehung wie ein gegenseitiges Geschenk.

Da die Männer und endlich auch die Frauen ab 50 unabhängig von ihrem Familienstatus als eigenständige Persönlichkeiten geschätzt und respektiert werden, sind sie ein wichtiger Teil im sozialen und gesellschaftlichen Leben. Sie werden eingeladen, gestalten Veranstaltungen, sie sind in jeder Hinsicht engagiert, unabhängig davon, ob sie in einer Partnerschaft, allein oder mit ihren alten oder wechselnden neuen Partnern leben. Die Einzigartigkeit jedes Menschen ist von nun an bedeutsam.

Frauen ab 50 werden besonders begehrt (häufig von jüngeren Männern), weil sie oft nicht mehr schwanger werden und erotisch erfahren und genießerisch sind. Die meisten Frauen jedoch bevorzugen die gelebte Erfahrung, Ebenbürtigkeit und geistige Freiheit eines Partners ab 50. So steht für beide das gemeinsame Genießen und die gemeinsame Weiterentwicklung auf der Basis des schon Erreichten im Vordergrund.

Ein äußerer Ausdruck des neuen Denkens ab 50 ist oftmals die Wahl eines eigenen Autos, wenn ein Auto gewählt wird. Wenn sich ein Mann oder eine Frau nun für ein Auto entscheidet, stehen ganz andere Möglichkeiten zur Wahl: Sie kaufen fröhliche Cabrios, kleine Flitzer, Sportwagen und Traumautos, eben Fahrzeuge, die ihrem neuen und freien Lebensgefühl entsprechen. Nicht mehr die Familienautos und Kleintransporter für Kinder, Freunde der Kinder, Angehörige und die großen Mengen im alltäglichen Familienbedarf werden jetzt gefahren, sondern die Autos, die man

Willkommen in »Happy-Magic-Fifty«! 17

oder frau schon lange fahren wollte, aber nie konnte. Ein zusätzlicher Spaß und Genuss! Wenn für irgendwelche Anlässe größere, transportfähige Wagen benötigt werden, stellen die Jüngeren, unter 50-jährigen, ihre Wagen gern zur Verfügung.

Beruflich stehen nun ebenfalls alle Möglichkeiten offen. Menschen ab 50 haben den Status »selbstständig«. Das bedeutet, sie können jeder Art von Tätigkeit, Beruf, Geschäft, ehrenamtlicher und freiwilliger Arbeit und Initiative, wann und wo sie wollen, nachgehen. Ihre Arbeit und ihr Input an Erfahrung wird überall gern angenommen und hoch geschätzt.

Je mehr sich die Menschen ab 50 entwickeln, entfalten und zum Ausdruck bringen, desto mehr Respekt wird ihnen entgegengebracht. Besonders die Beiträge der Frauen ab 50 haben einen hohen Stellenwert, weil sie mit ihren Erfahrungen und ihren Soft Skills, die sie in den früheren Jahren mit der Familie und den Kindern und den oft so wichtigen alltäglichen Herausforderungen, die in den Tagesabläufen einer Familie eine große Rolle spielen, erworben haben, quasi eine zusätzliche Sonderausbildung mitbringen.

Für alle gilt, dass Karrierestress und testosteronhaltige Vergleichswettkämpfe nun der Vergangenheit angehören. Ab 50 bringen alle die eigene einzigartige Fähigkeitenkombination und das eigene, ganz individuelle Begabungsprofil als Beitrag zum größeren, gemeinsamen Ganzen in die Gesellschaft und die Welt ein. Dies hat auch eine neue, auf die Lebensqualität positiv wirkende Befriedigung bei der Arbeit zur Folge. Arbeit wird nun immer stärker als Ausdruck des einzelnen Menschen gesehen und genossen. Durch diese Atmosphäre, die Anerkennung und Wertschätzung, werden eine sehr hohe Produktivität, ein intensiver persönlicher Einsatz des Einzelnen und sehr viel Kreativität freigesetzt. Dabei ist Qualität viel entscheidender als Quantität. Ein Gewinn für alle Beteiligten! Viele Firmen und Unternehmen halten deswegen ihre wirklich wichtigen und interessanten Jobs frei für Mitarbeiter und Mitarbeiterinnen in der zweiten Lebensphase ...

... und diese Geschichte geht in allen Lebensbereichen immer so frei, kraftvoll und fröhlich weiter.

Nachdem Sie nun dieses Gesellschaftsbild gelesen haben – was wäre, wenn dies Ihr Leben beschreiben würde? Und bevor Sie intellektuell, also aus dem Kopf heraus, antworten: Spüren Sie mal, wie wäre Ihr Lebensgefühl in so einer Gesellschaft? Was wäre anders in Ihrem derzeitigen Leben? In einer Gesellschaft, die Sie so ehrt und anerkennt, nachdem Sie endlich Ihren 50. Geburtstag feiern durften – würden Sie sich da nicht wahrhaft königlich fühlen? Wie die Königin Ihres eigenen Lebens?

Und damit sind wir mitten im Thema: Werden Sie die Königin in Ihrem eigenen Leben!

Doch bevor Sie dies angehen, gilt es, noch einige Punkte zu klären.

Eine kleine Bestandsaufnahme

Sie werden vielleicht während des Lesens meiner Zukunftsvision an der einen oder anderen Stelle gedacht haben, dass dies ja bereits in Ihrem jetzigen Leben zutrifft. Das stimmt sicherlich. Doch ich habe das Bild zusätzlich überzeichnet, vor allem, was die allgemeine Umgangsweise mit dem Alter betrifft. Leider gilt heute der Mensch ab 50 in unserer Gesellschaft noch nicht oder zumindest nicht allzu oft als Leitbild für Schönheit, Erfahrung, Attraktivität und Kompetenz.

Eine kleine Bestandsaufnahme

Die Möglichkeiten der freien Entscheidung und der Wahl haben wir jedoch schon heute! Aber warum nutzen wir sie eigentlich nicht oder nur selten? Warum leben wir in Wohnungen und Häusern, die oft nicht mehr unserem aktuellen Lebensgefühl entsprechen? Warum leben wir zwischen Möbeln, die zwar einen Wert verkörpern mögen, aber oft auch die alten Energien früherer Lebensabschnitte gebunden haben und uns damit quasi festhalten? Warum quälen wir uns in Jobs und mit Arbeiten, die wir heute so nicht mehr wählen würden? Warum versuchen wir eine Partnerschaft, die ihren Schwung verloren hat, entweder mit großem Energieaufwand neu zu beleben oder mit ebenso aufwändigem Energieverbrauch fatalistisch zu ertragen? Warum sind wir inzwischen so oft in einer Art Durchhalte-Modus?

Vor allen Dingen: Warum stehen wir nicht endlich zu unseren Sehnsüchten und Lebensträumen, die wir schon seit so langer Zeit mit uns tragen und zum Teil in uns vergraben haben? Sind wir es uns nicht endlich wert, unser Leben in seiner ganzen Fülle zu leben? Wenn nicht jetzt, wann dann?

Es gibt doch in uns unsere eigenen Naturgesetze, die endlich erfüllt werden wollen. Wir haben in den ersten 50 Jahren unseres Lebens unsere Aufbauarbeit geleistet. Die Lehr- und Gesellenjahre haben wir absolviert. Jetzt liegen die Jahre der Meisterschaft vor uns! Schauen Sie sich die Menschen in der Lebensmitte an, die diese Herausforderung und Chance für sich persönlich positiv angenommen haben. Schauen Sie sich ihre Kraft und Ausstrahlung an! Sie sind anders als die Menge der grauen Gesichter, die im Durchhalte-Modus leben. Sie haben sich freigeschwommen! Wäre das nicht auch etwas für Sie? Zu welcher Gruppe wollen Sie jetzt und zukünftig gehören?

Wieso haben diese Menschen, und vor allen Dingen diese Frauen, so eine kraftvolle Ausstrahlung?

Warum die Königlichen Hoheiten?

Ich glaube, ab jetzt können wir zu einem vertraulicheren Du übergehen. Wir sind ja alle mehr oder weniger im gleichen Alter, wir hätten die Schule, Berufsschule, Universität oder den Freundeskreis, die Firma, die Nachbarschaft gemeinsam haben können. Wir sind also unter uns und würden uns wahrscheinlich sowieso duzen. So handhabe ich es auch meist in meinen Seminaren. Ich hoffe, du bist damit einverstanden.

Warum rede ich nun von Königinnen und Prinzessinnen? Nun, sie haben etwas Besonderes an sich. Wahrscheinlich haben diese beiden Damen, die ja den Titel dieses Buches bilden, sogar soweit dein Interesse geweckt, dass du dieses Buch zur Hand genommen hast.

Wie war es in deiner Kindheit? Gab es bei dir viele Prinzessinnen beim Kinderfasching? Vielleicht warst du selbst eine. Und wie sehr hat es dich gefreut, wenn dich jemand »Prinzesschen« oder »Prinzessin« nannte. Bestimmt hast du dich bei den Märchen und den Märchenfilmen auch mit der Prinzessin identifiziert, und später hast du dann mit Interesse die Geschichten über Lady Diana und die anderen Prinzessinnen gelesen. Und manches Mal vielleicht sogar gedacht, du wärest gern an ihrer Stelle. Ja, die lebendigen und die fiktiven Prinzessinnen aus den Märchen faszinieren uns. Dies hat etwas mit Archetypen zu tun, mit denen wir uns später noch genauer beschäftigen werden.

Jetzt schauen wir uns zunächst die Prinzessinnen genauer an. Wie ist eine Prinzessin? Zunächst einmal ist sie jung! Jung und schön! Dass dies in der Realität in den Königshäusern nicht immer zutrifft, übersehen wir großzügig. Unser Idealbild stammt aus den Märchenbüchern, und da sind die Prinzessinnen immer wunderschön und begehrenswert, fast immer blond und eben jung.

Eine alte Prinzessin, wie zum Beispiel Prinzessin Margaret von England, die Schwester der Queen, war, als sie älter wurde, eine tragische Figur und passt überhaupt nicht in unser Idealbild. Deswegen nehmen wir die älteren Prinzessinnen, wie jetzt auch die Schwester von Prinz Charles, einfach nicht mehr wirklich wahr. Die Regenbogenpresse gibt diesen Prinzessinnen auch nur im Falle eines Skandals oder einer negativen Schlagzeile Raum. Ältere Prinzessinnen existieren eigentlich nicht.

Zurück zur idealen jungen Prinzessin. Sie darf erröten, unsicher und schüchtern sein. Sie steht für gutwillige Unerfahrenheit und braucht Unterstützung, Anleitung und Verständnis und ab und zu eine kleine Rettung. Die guten Prinzessinnen in den Geschichten, unsere Lieblingsprinzessinnen, mit denen wir uns so wunderbar identifizieren können, sind dazu noch barmherzig und warmherzig, gütig und edel, so bescheiden und dabei so schön reich. Und obendrein bekommen sie immer den schönsten und edelsten und strahlendsten Prinzen, der später ein guter König wird. So lebt die Märchenprinzessin in uns weiter. Wenn dann irgendwann eine schöne, blonde und liebreizende Prinzessin wie Diana von Wales in der Wirklichkeit erscheint, spricht uns dies in unserem Inneren direkt an.

Was macht nun bei all dieser Herrlichkeit den Unterschied zur Königin? Die Königin ist zunächst einmal älter. Junge Königinnen sind ungewöhnlich. Bis heute, wo Elisabeth von England schon über 80 Jahre alt ist, wird immer noch erwähnt, wie ungewöhnlich und hart es für sie war, bereits mit Mitte 20 Königin werden zu müssen. Elisabeth saß von Anfang an allein auf ihrem Thron. In anderen Monarchien hat die Königin ja meist ihren König zur Seite oder wird durch die Krönung ihres Mannes, des neuen Königs, zur Königin. Auch in diesem Fall sind sowohl König als auch Königin älter.

Die Königin verkörpert Erfahrung und Klugheit, sie steht

für Verantwortung und Gerechtigkeit, ist fair und großzügig. Wir sprechen auch hier natürlich von einer guten Königin. Ein weiterer Unterschied zwischen Prinzessin und Königin ist der Partner an ihrer Seite. Eine Prinzessin ist entweder in der Warteschleife zum Heiraten oder gemeinsam mit ihrem angeheirateten Prinzen, der auch nichts zu sagen hat und keine Macht besitzt, in der Warteschleife für den Thron. Die Königin dagegen hat den Thron und die Macht, sie bestimmt, wo es langgeht und was in ihrem Reich geschieht, und sie hat meist noch dazu einen wirklichen König an ihrer Seite.

Wenn du Prinzessinnen und Königinnen bei einem offiziellen Anlass nebeneinander siehst, kannst du auch sofort erkennen, welche von den beiden die Herrscherin ist: nämlich die mit der größeren Krone, den prunkvolleren Juwelen und dem glanzvolleren Kleid, die in der ersten Reihe steht und um die sich alles dreht. Die Prinzessin mag vielleicht die Träume vieler Mädchen, junger Frauen und bestimmt auch vieler junger Männer verkörpern, doch sie wartet, ist in der Ausbildung und ohne eigenes Reich. Sie steht am Rand. Die Königin lebt ihren Traum. Sie ist mitten im Leben und mitten in ihrem Reich. Sie ist das Zentrum.

Nun, was passt für dich? Wo stehst du jetzt, und wo willst du in den kommenden Jahren stehen? Ist die junge Prinzessin noch immer die für dich und, wie du vielleicht glaubst, für andere attraktivere? Oder spürst du die Kraft der Königin in dir?

Wenn ja – dann: Lang lebe die Königin!

Weibliche Hoheiten bevorzugt!

Jetzt möchte ich erst einmal erklären, warum ich hier über und für Frauen schreibe. Warum nur Frauen, Prinzessinnen und Königinnen und keine Prinzen und Könige?

Wegen des in diesem Zeitraum einsetzenden hormonellen Wandels spüren Frauen die Lebensmitte direkt körperlich und damit anders als Männer, für die vielleicht der Ausstieg aus dem aktiven Berufsleben einen wesentlicheren Einschnitt darstellt. Der Generationswechsel, der durch die eigenen Kinder gleichzeitig spürbar wird, gibt oftmals den Frauen rund um den 50. Geburtstag zusätzlich das Gefühl, alt zu sein. Deswegen, glaube ich, ist dieses Buch besonders für Frauen wichtig.

Lesen können es selbstverständlich auch Männer – und ich hoffe, dass es viele von ihnen tun werden. Es ist für einen Mann auf jeden Fall interessant, über die von mir angebotene Art der Entwicklung von Frauen in der Lebensmitte möglichst viel zu erfahren. Und viele der beschriebenen Phänomene und Entwicklungsschritte treffen auf Männer in diesem Alter genauso oder zumindest teilweise zu. Ja, auch Männer werden einen Vorteil für sich darin sehen, wenn sie sich mit den Fragen und Übungen, die dieses Buch zur Lebensmitte anbietet, bewusst und offen auseinandersetzen.

Doch nun zu uns Frauen. Da kann noch so viel geforscht und erklärt werden, den Männern eine Ähnlichkeit ihrer Midlife-Crisis zu unserem Hormonumschwung bescheinigt werden, es sind wir Frauen, die tatsächlich körperlich und psychisch in die sogenannte Menopause gehen. Sie bringt uns neben teilweise unangenehmen Begleiterscheinungen immerhin auch die Freiheit, nicht mehr ungewollt schwanger werden zu können. Damit ist uns ein neuer Lebensabschnitt einschneidend bewusst gemacht.

Nicht nur, dass die Menopause immer noch ein Synonym für »alte Frau« zu sein scheint, wir entdecken in diesem Alter auch, dass man, oder besser gesagt Mann uns unser Alter immer mehr ansieht. Die Falten und Fältchen werden immer mehr, und die Schwerkraft fordert ihren

Tribut an Wangen, Busen, Oberarmen und Po. Dies ist bei der einen mehr und bei der anderen weniger der Fall, aber im Vergleich mit Jüngeren nicht zu übersehen.

Schmerzhaft wird das, wenn der eigene Partner, an dem der Zahn der Zeit ebenso nagt, dies mit Beziehungen zu eben diesen Jüngeren kompensiert. Männer können vor der Erkenntnis des Alterns mithilfe von jüngeren Frauen, erheblich jüngeren Frauen, flüchten. Frauen tun dies auch mithilfe jüngerer Männer, aber noch lange nicht so selbstverständlich. Vor allen Dingen ist es in den Augen der Gesellschaft noch lange nicht so selbstverständlich. Somit bedeutet der Eintritt in die zweite Lebenshälfte für uns Frauen, was die Schönheit und die Attraktivität betrifft, eine weitaus größere Herausforderung.

Wenn wir Kinder haben, ist es natürlich auch für die Väter eine Zäsur, wenn der Nachwuchs aus dem Haus geht. Doch für uns Mütter, die wir die Kinder in die Welt hineingeboren, gestillt und oft über Jahre im Alltag begleitet haben, die ihren Beruf dafür aufgegeben oder ihre Karriere eingeschränkt haben, ist dies wiederum ein deutliches Zeichen und ein tiefes persönliches Erleben, wenn dieser Lebensabschnitt nun durch den Auszug der Kinder zu Ende geht. Dies gilt ebenso für die Hochzeiten und die Geburten, besonders bei den Töchtern. Hier bekommen wir besonders spürbar den Generationenwechsel verdeutlicht – und damit unseren eigenen Übergang in den nächsten Lebensabschnitt.

Prägungen für die Prinzessin – Aussichten für die Königin

Zurück zu unserem Szenario, der Gesellschaft, in der das eigentliche Leben mit dem 50. Geburtstag beginnt. Zurück zu dem damit verbundenen Lebensgefühl. Was davon hat dich angesprochen? Vielleicht hast du ja bei dem einen oder anderen Punkt gedacht: »Das habe ich längst«, oder: »Das mache ich schon.« Doch darum geht es nicht. Es geht um die Teile der Geschichte, die dich provoziert haben. Ja, ich habe einiges überzeichnet und wollte provozieren.

Vielleicht gibt es auch Leserinnen, die jetzt sagen: »Ich bin eigentlich ganz zufrieden, ich möchte nichts ändern.« Doch lass uns ehrlich sein: Wenn du so fraglos zufrieden wärst, hättest du dieses Buch nicht erworben, es nicht zur Hand genommen und nicht so weit gelesen! Du hast Fragen – und es ist gut, Fragen zu haben. Und besonders wichtig ist es, für die Fragen, die das Leben an uns hat, offen zu sein. Jetzt, in dieser Zeit, die in die Mitte unseres Lebens fällt, stellt das Leben viele Fragen an uns!

Dass wir in der Mitte eines immer turbulenter werdenden Wertewandels leben, ist uns bewusst. Dies zeigt sich auch im rasanten Wandel der Ehe- und Familienwerte.

Auf der einen Seite sind durch Veränderungen in den Gesetzen die Abhängigkeiten in der Ehe für uns Frauen erheblich gelockert worden und wir können heute sehr viel freier und selbstbestimmter leben als noch unsere Mütter. Auf der anderen Seite ist damit auch die Verbindlichkeit der Ehe für die Männer gelockert worden, was sich darin zeigt, dass insgesamt das Zueinanderstehen und Füreinandersorgen, auch im Zusammenhang mit den Kindern, an Wert verloren hat. Dies gilt in der Folge nicht nur für die Ehe, sondern natürlich ebenso für die nichtehelichen Lebensgemeinschaften.

Die Jugendämter hatten noch niemals zuvor so viele Verfahren, in denen sie für die verlassenen Kinder die Unterhaltsansprüche bei den getrenntlebenden Vätern einzuklagen versuchen. Die Unterhaltsregelungen für getrennt lebende und geschiedene Frauen, die teilweise ja gemeinsam mit dem Kindsvater entschieden hatten, auf die Berufstätigkeit zu verzichten und für die Kinder da zu sein, sind zwischenzeitlich auch nicht mehr ohne Weiteres durchzusetzen.

Weil die getrennten Partner häufig neue Verbindungen eingehen und oftmals auch wieder Kinder in diesen Beziehungen geboren werden, ist es unter diesen modernen Umständen nicht mehr so einfach, allgemein verbindliche und gerechte Regelungen zu schaffen. Dadurch müssen die meisten Frauen parallel zur Sorge um ihre Kinder verstärkt ihre eigene wirtschaftliche Existenz aufbauen, absichern und bis in das höhere Rentenalter hinein aufrechterhalten.

Die Alternative ist der bewusste Verzicht auf eine Familie und auf Kinder. Ob dies eine wünschenswerte Veränderung ist und inwieweit sie das gesamte Eheverständnis beeinflussen kann, möchte ich an dieser Stelle nicht diskutieren. Fest steht, dass diese Entwicklung Auswirkungen auf die Gestaltung der Lebenswege von Frauen und auch auf ihre Eigenständigkeit in der zweiten Lebenshälfte hat. Viele von uns sind schon jetzt davon betroffen.

Was es in unserem Zusammenhang so bedeutsam macht, ist der darin enthaltene Bruch mit den alten Rollenmustern für Frauen, Mütter und Ehefrauen. Selbst wenn viele von uns schon immer oder teilweise berufstätig waren, sind wir doch auf der anderen Seite von unseren Müttern durch deren Vorleben anders geprägt und durch unsere Kultur und Gesellschaft anders programmiert worden.

Wie sah es aus bei unseren Müttern und Großmüttern?

Meine Eltern waren bei meiner Geburt 22 und 26 Jahre alt, meine Großmutter war knapp 50. Verglichen mit den heute 50-jährigen war sie damals eine typische ältere bis alte

Frau, auch wenn sie innerhalb ihrer Generation noch frisch und vital war. Ich war als kleines Mädchen viel bei meiner Großmutter, die sehr aktiv und trotzdem eine typische Großmutter und Hausfrau war, mit der entsprechenden Figur und Kleidung, den Hüten, Taschen, Schuhen und der Schürze in der Küche – mit all dem, was die typische Frau ab 50 in den Fünfziger- und Sechzigerjahren des 20. Jahrhunderts so getragen hat.

Sie hatte ihre Hobbys und Fähigkeiten, aber nichts davon fiel aus dem Rahmen für Frauen ihres Alters. Sie war Ehefrau, Hausfrau, Mutter und Großmutter, erfüllte ihre Aufgaben zuverlässig und fraglos. Sie füllte ihren Platz dort aus, wo das Leben sie hingestellt hatte. Ihre Identität ergab sich aus der Identifikation mit den Rollenbildern, die die Gesellschaft ihr vorgegeben hatte. Und sie hatte ihren Frieden damit. Veränderungen oder Infragestellung durch eine Trennung oder Scheidung oder die Wiederaufnahme einer Berufstätigkeit existierten nicht innerhalb ihrer Welt.

Dies war eines der Leitbilder meiner Kindheit, eine Art Drehbuch für Frauenleben. Meine Großmutter, meine Großtanten, deren Freundinnen und die Nachbarinnen waren die Leitbilder für 50-Jährige Frauen in meiner Kindheit. Diese Bilder haben mich unbewusst geprägt.

Auch meine Mutter, deren Freundinnen und Bekannte, alle eine Generation jünger, lebten und handelten nicht so, als ob sie dieses übernommene Bild total verändern oder umgestalten wollten. Als meine Mutter sich Anfang der Siebzigerjahre, als ich 16 Jahre alt war, von meinem Vater trennte und wieder eine Ausbildung absolvierte, um in ihren Beruf zurückkehren zu können, war dies sogar im modernen West-Berlin dieser Zeit eher selten, für das persönliche Umfeld fast skandalös, also alles andere als die Norm.

Entscheidend aber war, dass meine Mutter trotz ihres für damalige Verhältnisse recht unkonventionellen Weges in die zunächst mittellose Eigenständigkeit davon ausging, nun als Enddreißigerin auch nur noch wenige Jahre vor sich zu haben, bevor sie eine alte Frau sein würde. Natürlich lag ihre Hauptsorge in einer entsprechenden Altersabsicherung. Sie sorgte dann jedoch auch damals schon für eine Sterbeversicherung und einen geordneten Ablauf nach ihrem Tod – der übrigens hoffentlich noch sehr lange aussteht.

So gab mir auch meine Mutter, obwohl dies nicht mehr so sehr in meine unbewusst prägenden Jahre fiel, keinerlei positiv-aktives Bewusstsein für ein Leben nach dem 50. Geburtstag. Auf keinen Fall ein Bewusstsein für die mögliche Länge der Zeitspanne nach 50 und die darin enthaltenen Möglichkeiten.

Als mein Mann und ich uns trennten, war ich 43 Jahre alt. Die Sorge meiner Mutter und auch einiger Freundinnen war, dass ich nun schnellstens einen neuen Partner suchen und finden müsste, weil das ab 50 kaum noch möglich sei. Die Überzeugung, dass Frauen ab 50 auf dem »Partnermarkt« nur noch Ladenhüter sein können, hält sich besonders bei den Älteren noch immer hartnäckig.

Das soll nun nicht heißen, dass die Frauen der Generation meiner Mutter und meiner Großmutter nicht wunderbare Jahre, Freude, vielleicht sogar neue Lieben und Erfüllung gehabt haben können. Doch wenn sie es hatten, dann nahmen sie es eher als Zufall denn als Normalität an. Es gehörte nicht zu ihrem Erwartungshorizont. Ihr Lebensweg lag weitestgehend voraussehbar und festgelegt vor ihnen.

So leben und leiden wir heute in unserer neuartigen Zeit unter einer gewissen Schizophrenie unserer Leitbilder. Da sind auf der einen Seite Bilder und Fotos von Frauen um 50 und älter, die wir in unserer Kindheit in unserem Unterbewusstsein abgespeichert haben. Dazu gehören unsere Großmütter, Tanten und ihre Zeitgenossinnen.

Dazu gehört auch eine Doris Day, ein Idol unserer Mütter, die in ihren weltberühmten Filmen zwar die fesche und kecke berufstätige Frau gab, aber immer nur so lange, bis Cary Grant oder Rock Hudson sie als strahlende Retter erobert und zum Traualtar geführt hatten. Dann hatte sie ihr Ziel erreicht, wurde Ehefrau und Mutter ... selbstverständlich glücklich ... Großmutter ... und tot. Die letzten drei Kapitel wurden als allgemein gültig vorausgesetzt und deswegen nicht mehr gezeigt.

Da gibt es diese Szene, in der Doris Day während des Kennenlernens für Rock Hudson kocht. Nach dem Abendessen möchte er ihr helfen und das Geschirr mit in die Küche bringen. Sie lehnt dies ab mit der Begründung, er möge sitzen bleiben, weil das doch Frauenarbeit sei. Dies muss einer der Filme aus den Sechzigerjahren gewesen sein – die Zeit unserer Kindheit. Und glaube mir, diese harmlosen Filme haben uns bewusst oder unbewusst mit ihren Wertvorstellungen geprägt.

Prägende Bilder

Mache jetzt kurz eine kleine Pause beim Lesen und schau einmal in deinen persönlichen Fotoalben, Bilderkisten oder gerahmten Fotos nach. Vielleicht findest du ja Bilder von deiner Großmutter, von Tanten oder auch von deiner Mutter, als sie im Alter zwischen 45 und 55 Jahren waren. Schau sie dir genau an, ihre Gesichter, ihre Haltung, ihre Figur und Kleidung und vor allem ihren Gesichtsausdruck und ihre Haltung.

Falls du keine Bilder aus deiner eigenen Familie hast, greife zu Bildbänden und Dokumentationen aus den Fünfziger- und Sechzigerjahren für die Generation deiner Großmutter, und aus den Siebziger- und Achtzigerjahren für die Generation deiner Mutter. Dort findest du sicher Bilder von Frauen um die 50.

Betrachte sie genau. Du wirst erstaunt sein.

Queen Mum, die Mutter von Königin Elisabeth II, 1951 im Alter von 50 Jahren. Was für ein Unterschied zu den heute 50-Jährigen!

Doris Day verschwand mit Mitte 40 für immer von der Leinwand. Es gab für sie kein Leben nach 50. Zumindest nicht in den Filmstudios von Hollywood. So ging es allen berühmten Filmschauspielerinnen in jenen Jahren. Wie sagte Goldie Horn sogar noch Ende der Neunzigerjahre in ihrem Film *Der Club der Teufelinnen,* in dem sie eine Filmschauspielerin Ende 40 spielt: »Für Frauen in Hollywood gibt es nur »Babe« oder »Driving Miss Daisy« – nichts dazwischen!«

Warum erwähne ich das? Es geht mir an dieser Stelle nicht um die Emanzipation der Frauen. Ich will aufzeigen, wie sehr sich das Leben der Frauen in den letzten Jahrzehnten verändert hat, dass die Rollenbilder zum Teil aber bis heute nicht ersetzt wurden und dass all dies intensive Auswirkungen auf unser Selbstverständnis, unser Selbstwertgefühl und die Gestaltung unseres Lebenswegs hat. Sich diese Auswirkungen bewusst zu machen, ist eine wichtige Voraussetzung für die positive Gestaltung der zweiten 50 Jahre, die nun vor uns liegen.

Ich weiß, dass die meisten von uns erhebliche Schwierigkeiten haben, sich die zweiten 50 Jahre überhaupt nur zu denken, und noch weniger, sie als zu lebende Realität anzunehmen. Dazu kommen wir später noch ausführlicher.

Mitte der Achtzigerjahre startete in Deutschland die viel gesehene TV-Serie *Lindenstraße*. Die damals erst 45-jährige Schauspielerin Marie-Luise Marian wurde die allseits bekannte »Mutter Beimer«. Sie erfüllte zunächst ganz und gar das althergebrachte Bild der Frau in den mittleren Jahren: unerotisch, praktisch, mütterlich und zuverlässig, ohne persönliche Ambitionen. Im Verlauf der Serie, die über viele Jahre lief, musste sie sich dann mit allen Turbulenzen des Wertewandels in diesem Rollenbild auseinandersetzen.

Zum Jahrhundertwechsel, der in unserem Fall sogar ein Jahrtausendwechsel war, gab es dann ganz neue Tendenzen in der Sichtweise von Frauen in den mittleren Jahren. Mit einem Mal wurde eine Frau mit Anfang 50 zur erotischsten Frau Deutschlands gewählt: Iris Berben. Sogar der Sexappeal von Frauen mit Ende 50 wurde mit einer Hannelore Elsner und einer Uschi Glas wahrgenommen.

Auf der anderen Seite regte sich dieselbe Nation ein paar Jahre später darüber auf, dass eine Sexszene von Christiane Hörbiger mit Mitte 60 geschmacklos sei. Arme Iris Berben, arme Hannelore Elsner, da gelten sie in ihren Fünfzigern noch als hoch erotisch, doch jenseits der 60 sollten sie den Sex, zumindest vor Kameras, dann unbedingt lassen.

Trotzdem zeigen diese Entwicklungen positive Fortschritte! Frauen werden jenseits der 50 überhaupt als Frauen wahrgenommen. Zuvor waren sie überspitzt formuliert als post-menopausale Neutren eher liebenswerte Funktionen, sie waren Großmutter, langjährige Ehefrau, im günstigsten Fall die weise ältere Frau. Jetzt werden sie parallel zu allen ihren Funktionen als Frauen auch als weiterhin erotische Partnerinnen wahrgenommen.

Ja, es tut sich was. Und das Phänomen bekommt auch schon Namen: Generation 50 plus oder, weniger schmeichelhaft, Silver Ager. Dies gilt nun für Menschen beiderlei Geschlechts und weist darauf hin, dass uns hauptsächlich die Wirtschaft, aber auch die Politik als bemerkenswerte Bevölkerungsgruppe, die ständig wächst und an Bedeutung gewinnt, wahrnimmt.

Auch im Showbusiness, um diesen Kreis zu schließen, bekommen inzwischen sowohl eine Sharon Stone als auch eine Meryl Streep und einige andere Rollen, die alles andere als großmütterlich sind. Und eine Madonna, eine der erfolgreichsten weiblichen Pop-Ikonen aller Zeiten, wird inzwischen auch 50 Jahre alt und tobt weiter mit hoch erotischen Einlagen und einem perfekt trainierten Körper auf den Bühnen dieser Welt herum, vor ausverkauften Häusern zu Höchstpreisen.

Wir bekommen immer mehr ein Bewusstsein dafür, dass da noch eine höchst attraktive Lebensspanne jenseits der 50 auf uns zukommen kann. Wie wäre es, wenn dies nicht nur die besten Jahre für uns werden würden, sondern sogar die längste bewusst selbstbestimmte Phase unseres Lebens werden würde?

Wie wär's mit einem langen Leben, Majestät?

Haben dich meine Ausführungen verblüfft, verwundert? Also noch einmal die Frage: Wie wäre es, wenn die Jahre nach dem 50. Geburtstag nicht nur die besten Jahre für uns, sondern sogar die längste bewusst selbstbestimmte Phase unseres Lebens werden würde? Mach dir bewusst, dass höchstwahrscheinlich mehr intensives Leben vor dir als hinter dir liegt! Mach es dir wirklich klar! Wir haben über 50 mehr Zeit zu leben als jede andere Generation vor uns! Wenn wir davon ausgehen, dass wir in den ersten 50 Lebensjahren wahrscheinlich nur circa 30 Jahre davon bewusst und relativ selbstbestimmt gelebt haben, wirst du mir wahrscheinlich zustimmen. Davor lag unsere Kindheit und Jugend. In dieser Zeit haben wir uns einfach entwickelt, das Leben kennen gelernt und versucht, »erwachsen« zu werden. Wir waren in dieser Zeit abhängig von unseren Eltern und unserer Umgebung und noch nicht sehr selbstbestimmt in unseren Entscheidungen. Dann, so in etwa mit 20, kam der Auszug aus dem Elternhaus, wir haben in unserer Ausbildung und unserem Beruf zunehmend eigene Entscheidungen getroffen und meistens auch schon eine unserer ersten Beziehungen gehabt. Ab da waren wir immer bewusster und selbstbestimmter in unserem Leben.

Bis zum 50. Geburtstag sind dies also in etwa 30 Jahre eines selbstbestimmten und erwachsenen Lebens. Nehmen wir nun heute die aktuellen Statistiken, dann haben wir wenigstens genauso viele Jahre, nämlich 30, besonders als Frauen, noch vor uns. Und alle Entwicklungen zeigen, dass das durchschnittliche Sterbealter weiter steigt.

Diese statistischen Werte werden an den Frauen, die heute in ihren Siebzigern und Achtzigern sind, gemessen. Bei dem Vitalitätsvorsprung, den wir schon heute gegenüber diesen Frauen haben, als sie um die 50 waren, können wir wahrscheinlich noch eine erheblich längere durchschnittliche Lebensspanne für uns erwarten. Man geht davon aus, dass die durchschnittliche Lebenserwartung derzeit jährlich um drei Monate steigt. Kinder, geboren in den ersten Jahren dieses Jahrtausends, werden auch noch das 22. Jahrhundert erleben. Schon jetzt gibt es Jahr für Jahr immer mehr rüstige Frauen, die ihren hundertsten Geburtstag feiern! Faszinierend vitale 80- und 90-Jährige erleben wir im Fernsehen und um uns herum.

Hast du über dein Leben und deine Lebensdauer schon einmal so nachgedacht? Also, wenn du dich auf diese Zahlen einlässt, merkst du sofort, dass die Annahme einer noch großen Lebensspanne vor dir mehr als realistisch ist. Wenn du nämlich 100 Jahre alt wirst, dann bedeutet dies, dass noch einmal ein volles zweites Leben von 50 Jahren vor dir liegt!

Warum machen wir uns diese erstaunlichen Proportionen so selten bewusst? So oft stecken wir ohne nachzudenken eine 69-jährige und eine 89-jährige Frau in dieselbe Schublade »alt«. Doch zwischen ihnen liegen immerhin 20 Jahre Altersunterschied! 20 Jahre Leben! Die Spanne von 20 Jahren zwischen 70 und 90 ist genauso lang wie die 20 Jahre zwischen 20 und 40, und die Spanne zwischen 40 und 60. Zwischen 45 und 95 liegen 50 Jahre Leben.

Wie oft bekommen Leute bei ihrem 45. Geburtstag Panik, dass nun die 50 und damit beinahe das Lebensende auf sie zukommt. Das ist verrückt – aber üblich! Im höheren Alter, wenn die zusätzlichen Jahre ein wirkliches Geschenk darstellen, bemogeln wir uns so sehr bei den Verhältnismäßigkeiten der Lebensspannen.

Wir werden heute völlig anders alt

Nun dazu die direkte Frage, die du dir selbst stellen solltest: Will ich überhaupt so alt werden? 100 Jahre? Hier sind wir mitten im Thema, und ich höre schon die Antworten: »Ja, schon ... Aber das Wie ist entscheidend!« Und dann kommen die ganzen Ängste rund um das gebrechliche Altern, die Angst davor, abhängig, unselbstständig und auf fremde Hilfe angewiesen zu sein. Ein Bild von einem Alter ohne Gesundheit, ohne Freude, ohne Sex, allein und mit wenig Geld.

Woher kommen diese Bilder? Du hast sie von alten, kranken Menschen aus deinem Jetzt und deinen vergangenen Jahren. Doch diese Menschen wurden zwischen 1900 und 1930 geboren, und nicht wie wir in der späten Mitte des letzten Jahrhunderts. Dazwischen liegt eine Zeitspanne von etwa 30 bis 50 Jahren, in denen eine bemerkenswerte Entwicklung stattgefunden hat. Machen wir uns bewusst, dass diese Vorstellungen vom Alter in der Mehrzahl der Vergangenheit angehören werden, wenn wir selbst in das Alter kommen.

Warum stehen uns keine anderen, vor allen Dingen positiven Bilder zur Verfügung? Woher haben wir dieses uns beherrschende Altersparadigma?

Ein Paradigma ist ein Muster oder ein Beispiel mit modellhaftem Charakter.

Wir haben ein Altersparadigma, das insbesondere in unserer Kindheit und Jugend geprägt und programmiert wurde. Wir sehen deswegen die auch jetzt schon immer mehr werdenden vitalen, strahlenden und lebensfrohen älteren Menschen nicht wirklich. Sie passen nicht zu unseren festen Altersüberzeugungen. Alt ist bei uns als krank, gebrechlich, hilflos und bald, zwischen 50 und spätestens 70, einsetzend programmiert. Und alt steht für beängstigend nah am Tod.

Damit steht das Leben über 50 nach unserer Erfahrung aus der Geschichte der Menschen und auch aus unseren Erfahrungen, die wir noch in unserer Umgebung und der Familie gemacht haben, unter der Fahne des drohenden Todes. Die Geschichte unser Lebenserwartungen in den letzten Jahrhunderten macht uns glauben, dass wir ab 50 nun plötzlich dem Tod gegenüberstehen. Dass sämtliche Sterbestatistiken von früher von großen Kriegen, deren Folgen und vor allen Dingen ganz anderen medizinischen Standards geprägt waren, übersehen wir dabei. Wie viele Frauen und Kinder sind noch bis in das 20. Jahrhundert hinein bei den Geburten gestorben? Bis zum Ende des 19. Jahrhunderts erreichten nicht einmal 50 Prozent aller Frauen das 50. Lebensjahr. Erst seit dem Beginn der Dreißigerfahre des 20. Jahrhunderts wurden drei Viertel der Frauen überhaupt älter als 50, aber kaum eine 70 Jahre alt. Dies ist noch keine 80 Jahre her. Gemessen an den Tausenden von Jahren menschlicher Zivilisation sind 80 Jahre nur eine winzige Zeitspanne. Kaum geeignet, das Bewusstsein einer Gesellschaft nachhaltig zu verändern.

Bis zur Entdeckung und Verbreitung des Penicillins in den Dreißigerjahren des 20. Jahrhunderts konnte jede Lungenentzündung, jede Blinddarmentzündung, jede Verletzung tödlich verlaufen. Auch die Hygiene und die Ernährung in der breiten Bevölkerung haben sich im Verlauf des letzten Jahrhunderts erheblich verändert und sehr zur Verlängerung des Lebens beigetragen.

Unser Bewusstsein aber kommt dabei nicht so schnell mit, obwohl die verbesserten Lebensstandards sich in der ständig steigenden Lebenserwartung der Menschen in unserer Gesellschaft von heute zeigen. Dagegen stehen die tradierten Lebensansätze und Geschichten unserer Kindheit, aus den Geschichtsbüchern, aus Filmen und aus der Literatur, die bei uns die alten Überzeugungen vom frühen elenden Sterben tief verankert haben.

Hinzu kommen die Erfahrungen, die wir in unserer Lebensmitte mit unserer Elterngeneration machen. Jeder Schlaganfall, jede Krebserkrankung, jeder Infarkt und jeder Tod in dieser Generation bestätigt nur noch mehr unsere alten, fest geprägten Altersüberzeugungen. Hier wirkt ein Mechanismus mit zwei Ebenen: Zum einen werden wir in unseren Überzeugungen bestärkt, zum anderen spüren wir durch jeden Menschen aus dieser Elterngeneration, der wegen Krankheit oder Tod aus dem aktiven Leben ausscheidet, wie wir selbst in die sogenannte erste Reihe rutschen.

Ein Freund in Amerika sagte beim Tod seines Vaters: »Jetzt bin ich der neue Frontliner.« Oder wie mein Vater immer ebenso martialisch wie flapsig sagte: »Die Einschläge kommen immer näher!« Egal, wie sehr wir dieses Phänomen ins Komische ziehen, die Beklemmung wird spürbar. Die Ereignisse treffen auf unsere programmierten Überzeugungen und führen uns unsere eigene Sterblichkeit intensiv vor Augen.

Ganz besonders drastisch ist die Situation, wenn unser Vater oder unsere Mutter stirbt. Nun sind wir endgültig kein Kind mehr. Dies ist unsere letzte große Abnabelung. Auch wenn dies heute oft sehr viel später stattfindet als früher und die älteren Generationen länger bei uns bleiben und mehrere jüngere Generationen begleiten – wenn es geschieht, ist es dann doch jedes Mal eine große finale Stufe auf unserem Lebensweg. Fällt der Tod eines Elternteils in die Mitte unseres Lebens, hat dies also gerade zu diesem Zeitpunkt eine sehr starke Wirkung.

Vom kleinen Tod und dem langen Leben

Natürlich kommen wir nicht nur philosophisch, sondern wirklich praktisch mit jedem Jahr, das wir älter werden, unserem Tod näher. Aber ganz ehrlich, wir können jeden

Tag sterben. Und dies vom Tag unserer Geburt an. Wie sagen es die Sufis so schön? Niemals sind wir unserem Tod so nah wie ab dem Tag der Geburt – und niemals sind wir unserer Geburt so nah, wie ab unserem Tod.

Der Ausspruch: »Das ist der Anfang vom Ende«, den ich in meiner Umgebung ab dem 50. Geburtstag oft höre, bekommt so betrachtet eine ganz andere Bedeutung. Warum soll sich alles plötzlich verschlechtern, nur weil wir das 50. Lebensjahr überschritten haben? Trotzdem stürzen die meisten von uns in diese Weltuntergangsstimmung.

Das in unserer Gesellschaft herrschende weibliche Schönheitsideal von einer endlosen Jugend unterstützt für uns Frauen zusätzlich diesen persönlichen Abgesang. Bei jeder Bestandsaufnahme im Spiegel bleiben uns scheinbar nur entweder das fatalistische Hinnehmen oder das krampfhafte Kämpfen gegen die sichtbaren Zeichen des Älterwerdens.

Auch prominente Frauen kämpfen mit ihren Altersüberzeugungen und äußern dies in Interviews und Talkshows. So schrieb zum Beispiel Petra Gerster, Nachrichtensprecherin und Journalistin des deutschen Fernsehens, ein Buch zu diesem Thema mit dem Titel *Reifeprüfung. Die Frau von 50 Jahren.* Sie schildert dort gleich zu Beginn ihre vielschichtigen Empfindungen bei den Gratulationen zu ihrem 50. Geburtstag. Auch eine scheinbar zeitlose Pop-Ikone wie Madonna seufzt beim Übergang vom fünften ins sechste Lebensjahrzehnt in Interviews über die Tragik dieses Alters und lässt sich entsprechend liften und verjüngen. Das Festhalten an der eigenen Jugendlichkeit, um der Erkenntnis, dass das vor uns liegende Leben begrenzt ist und der Tod damit näher rückt, auszuweichen, scheint mir aber nur eine kleine Flucht zu sein.

Panik oder Gelassenheit? Dies ist eine wesentliche Entscheidung in der Lebensmitte. Das Wahrnehmen und Anerkennen des Todes, also der Tatsache, dass wir eines

Tages sterben werden, kann nämlich der erste wesentliche Schritt in unseren neuen Lebensabschnitt sein. Dies wurde mir selbst sehr bewusst, als ich die Diagnose Brustkrebs bekam. In dem Prozess zwischen Schock und Anerkennen der Tatsachen spürte ich die Kraft eines Neubeginns. Ich sagte damals: »Mit dem Krebs beginnt das Leben!«

Mit der bewussten Erkenntnis, sterben zu müssen, stellt sich die Frage nach dem Sinn unseres Lebens. Hierzu gibt es eine schöne Geschichte von einer geheimen Stadt in der Wüste. Der Tod hat zu dieser Stadt keinen Zugang. Niemand stirbt in dieser Stadt. Wer sie durch eines der Stadttore verlässt, wird sterblich. So sind die Tore meist sorgsam verschlossen. Eines Tages kommt es zum Absturz eines kleinen Flugzeuges über der Stadt, und der überlebende Pilot erzählt den Menschen in der Stadt von seinen Erfahrungen in der anderen Welt. Ihm und auch den Menschen in der Stadt wird bewusst, welchen Sinn das Leben durch die Tatsache des Todes bekommt. Die eigene Sterblichkeit begrenzt die Lebenszeit. Ohne diese Begrenzung hat nichts eine Dringlichkeit, alles kann endlos hinausgeschoben werden, alles verliert seine Sinnhaftigkeit. Die Jugend der Stadt rebelliert als Folge dieser Erzählungen und fordert die Öffnung der Stadttore!

Hierin liegt die Chance für uns in der Lebensmitte, wenn wir durch die herrschenden Altersüberzeugungen die Tatsache des Todes bewusster wahrnehmen und gleichzeitig erkennen, dass noch eine ungeahnte Menge an Lebensjahren, mehr Zeit zu leben als je zuvor, vor uns liegt. Das Leben stellt uns damit neue Sinnfragen und fordert uns zur aktiven Gestaltung auf. Wir lassen den vergangenen Lebensabschnitt hinter uns und treten ganz bewusst in eine neue Lebensspanne ein. Mit dem »alten Leben« lassen wir etwas von uns zurück. In unserem Fall mit der Menopause zum Beispiel unsere fruchtbaren Jahre. Damit sterben wir einen »kleinen Tod«.

Wir müssen solche kleinen Tode sterben, um neues Leben auf einer neuen Stufe zu erfahren. Und wenn wir schon diese kleinen Tode sterben müssen, dann lass uns auch gleich die Illusionen von ewiger Jugend und damit einhergehend Resignation und Rückzug – vielleicht auch träger Bequemlichkeit – zu Grabe tragen. Ebenso lassen wir unsere Ängste und die damit verbundenen Begrenzungen über das Alter und den Tod hinter uns. Wir erhalten auf jeden Fall jedoch unsere Bedeutung, unsere individuelle Wichtigkeit, unsere gegebenen Qualitäten, unsere erworbenen Erfahrungen und vor allen Dingen unseren kraftvollen Lebenstraum. Es geht schließlich um unseren Selbstwert als Königin!

In unserem Gesamtbild bedeutet unser »kleiner Tod«: Die Prinzessin muss sterben, damit die Königin ihren Thron besteigen kann!

Eure Hoheit, eine Krönung steht an!

Halten wir also fest, wir stehen an einer Schwelle – einer Schwelle in unserem Leben und gleichzeitig einer Schwelle in unserer Gesellschaft. Wir, geboren in der Mitte des letzten Jahrhunderts, feiern unseren 50. Geburtstag zu Beginn des dritten Jahrtausends. Wir sind die jüngsten 50-jährigen Frauen der Geschichte!

Eine Schwelle bedeutet immer einen Neubeginn. Etwas Altes endet, bleibt in dem Raum zurück, den wir nach dem Überschreiten der Schwelle hinter uns lassen. Etwas Neues beginnt. Das heißt, wir schreiben Geschichte, wir können Geschichte schreiben. Also: Lass uns Geschichte schreiben! Lass uns die Pionierinnen einer neuen Vision für Frauen sein!

Die Alternative wäre, wir werden eine unauffällige Übergangsgeneration. Aber ist es nicht an der Zeit für uns? Für unsere Generation und für uns Frauen? Jetzt, am Beginn des 21. Jahrhunderts, und besser noch: am Beginn des dritten Jahrtausends. Lass uns gemeinsam die Chance ergreifen! Es heißt doch immer so schön »ein Mann in den besten Jahren«. Jetzt ist die Zeit für »die Frau in den besten Jahren«!

Überlassen wir den Männern das weite Feld der Midlife-Crisis, lass uns stattdessen Königinnen werden! Klingt doch viel besser, oder? Und ist auch besser! Die Königinnen unseres eigenen Lebens. Lass uns zum Zepter greifen! Wenn nicht jetzt, wann dann? Wenn die Prinzessin gekrönt wird, wird sie Königin. Also, lass uns zu unserer Krönung schreiten! Zur Krönung unseres Lebens! Krönung statt Rückzug aufs Altenteil!

Es gibt keinen Königsweg für Königinnen

An dieser Stelle muss ein Punkt angesprochen werden, der mir sehr wichtig ist: Auch nach der Krönung wird es *den* Königinnenweg im Sinne des oft zitierten »Königsweges« als Synonym für den einen gangbaren Weg, der garantiert und richtig zum Ziel führt, nicht geben. Dazu sind wir Frauen zu unterschiedlich. Jede Königin muss ihren eigenen Weg finden. Das ist dann ihr Königinnenweg.

Wir haben mit Sicherheit viele Gemeinsamkeiten, nicht zuletzt das gemeinsame Lebensalter. Doch wir haben individuelle, sehr unterschiedliche Biografien. Jede von uns hat ihre eigenen Beziehungen oder eine Beziehung, Ehe oder Ehen, ihren eigenen Werdegang im Beruf oder zu Hause durchlaufen, ihre Kinder oder ihr Kind zu unterschiedlichen Zeiten bekommen oder freiwillig oder unfreiwillig die Kinderlosigkeit gewählt. Wir leben in unseren ganz eigenen wirtschaftlichen, gesundheitlichen und sozialen Verhältnissen, entweder noch immer in unserem angestammten heimatlichen Umfeld oder sind vielfach umgezogen oder leben im über die Jahre gewachsenen eigenen Heim. Es gibt so viele Varianten, wie viele und welche Krisen und Herausforderungen uns geprägt haben, welche Menschen in unserem Leben eine Rolle spielten oder spielen. Doch egal wie – irgendwann in der sogenannten Lebensmitte kommen wir alle an den Punkt, wo der Schritt zur Königin ansteht. Dann sind wir gefordert!

Was sind unsere Möglichkeiten? Zuerst: Natürlich können wir diesen Schritt verweigern. Das bedeutet, sich vor der Erkenntnis zu verschließen und »rückwärts zu flüchten«. Diese Art der Flucht in die Illusion, jung bleiben zu können, kostet sehr viel Kraft und ist zeitlich begrenzt. Das Bild hierfür ist die mädchenhafte, langsam vertrocknende Prinzessin, die irgendwann Gefahr läuft, grotesk zu wirken.

Eine zweite Möglichkeit ist, es nach den vorgegebenen stereotypen Abläufen einfach laufen zu lassen, dem Alter im Reisepass entsprechend als angepasstes Opfer des Altersparadigmas für Frauen ab 50 zu leben oder ein angepasstes und gestresstes Opfer im kosmetischen und chirurgischen Kampf um die Erfüllung des Zeitlos-faltenlos-Ideals zu werden. So oder so angepasst an vorgegebene Normen, anstatt selbst zu gestalten. Der hohe Preis dafür ist eine ungesunde innere Zerrissenheit zwischen Selbstbestimmung und Fremdbestimmung. Dazu gehört auch das hartnäckige Verleugnen der eigenen uns innewohnenden natürlichen Gesetze und damit des eigenen Wertes. Das Bild hierfür ist die alternde Prinzessin, die niemals in der Thronfolge aufrückt und irgendwann tragisch wird.

Die dritte Möglichkeit ist, die Herausforderung bewusst, kraftvoll und gestalterisch anzunehmen. Während die ersten beiden Möglichkeiten einen Stillstand in der persönlichen Entwicklung bedeuten, beinhaltet die dritte Möglichkeit der Weiterentwicklung die Transformation auf die nächste höhere Ebene des Lebens.

Das Leben bietet uns immer wieder neue Ebenen an. Wir entscheiden, ob wir diese Angebote annehmen. Manchmal sind es die schon erwähnten Einschnitte wie die Geburt eines Kindes, eine Heirat, ein Umzug oder eine berufliche Veränderung. Manchmal bringen uns Krisen dazu, dass wir auf die nächste Ebene gehen. Und manchmal sind es bewusste Erkenntnisprozesse. Doch Erkenntnis ohne den Kick einer Krise oder eines entsprechenden neuen Lebensabschnitts setzt Offenheit und Bereitschaft voraus. Offenheit und Bereitschaft für Neues und Unbekanntes. Das heißt auch: ohne Garantien, also mit Risiko! Dies scheint mir in der Lebensmitte eine wirklich entscheidende Voraussetzung zu sein.

Immer wieder stelle ich fest, dass wir uns in diesen mittleren Jahren in zwei Gruppen aufteilen, und dies gilt übrigens genauso für Frauen wie für Männer. Die eine Gruppe ist tatsächlich offen dafür, Neues zu erfahren, Neues zu lernen und Neues zu erleben. Das heißt, die Menschen dieser Gruppe sind bereit, gegebenenfalls alte Erfahrungen und Überzeugungen loszulassen und aufzugeben. Die andere Gruppe besteht aus den Menschen, die einem jederzeit, gefragt oder ungefragt, eine Antwort geben, die natürlich über jeden Zweifel erhaben ist. Sie wissen einfach, was richtig, und besonders auch, was falsch ist. Doch vor allen Dingen müssen diese Menschen erstaunlicherweise nichts Neues mehr lernen. Sie haben beschlossen, dass sie ihre geistige Entwicklung vollendet haben. Frei nach dem Motto: »Lieber Gott, erhalte mir meine Überzeugungen und erschüttere mich nicht durch Tatsachen!« Solche geistigen Einbahnstraßen führen aber leider zu immer weniger Kreuzungen und irgendwann im Laufe der Jahre schlichtweg bergab, Langeweile inklusive.

Und wenn die Prinzessin alles stets erhalten hat ... lebt sie morgen so wie gestern!

Kennst du den Film *The Kid* mit Bruce Willis in der Hauptrolle aus dem Jahr 2000? Wenn nicht, möchte ich ihn dir sehr empfehlen. Du findest darin eine Szene, in der Amy (eine emotional sehr gesunde Frau) zu Russ (einem erfolgreichen, unsympathischen und knallharten Imageberater mit emotionalen Reifestörungen), der wieder einen fälligen Entwicklungsschritt verweigert, folgenden wunderbaren Satz sagt: »Irgendwann im Leben kommst du an einen Punkt, wo ›später‹ jetzt ist!« Mich hat dieser Satz sehr berührt. Er sprach kurz und prägnant das an, was wir so oft tun, nämlich anstehende Kurskorrekturen und wichtige Erfahrungsschritte immer weiter vor uns herzuschieben.

Warum zögern wir so oft, besonders vor dem ersten Schritt einer neuen Richtung im Leben, eben an diesen Kreuzungspunkten im Leben? Ich glaube, jede von uns kennt diese Hemmschwellen. Glaube mir, ich auch. An einer Kreuzung abzubiegen, anstatt den gewohnten Weg geradeaus weiterzufahren, bedeutet, das volle Risiko eines neuen unbekannten Geländes einzugehen. Das heißt Veränderung!

Veränderung macht uns meistens Angst, bedeutet sie doch, Vertrautes hinter sich zu lassen, oftmals auch Wegbegleiter zurückzulassen und vor allen Dingen mit Neuem, Unbekanntem konfrontiert zu werden. Wir wissen nicht, ob das Neue für uns passt, ob wir uns damit verbessern oder verschlechtern, ob wir also gewinnen oder verlieren. Auch wissen wir nicht, ob wir dem Neuen gewachsen sind. Dies aktiviert zusätzlich unsere Versagensängste.

Es fällt also leichter, bei solchen Aussichten erst einmal stehen zu bleiben oder aber den neuen Weg gar nicht erst ernsthaft in Betracht zu ziehen. Und wenn wir lange genug darüber nachdenken, kommen wir meistens sowieso zu dem Ergebnis, dass wir viel mehr verlieren könnten, als wir bereit sind loszulassen. Und viel zu wenig gewinnen würden, von etwas, das wir noch nicht einmal kennen.

Schau dir dazu Folgendes an:

Alter	1–50 Jahre	ab 50 Jahre
Aussage Haltung Begründung	»Jetzt nicht ... später!« weil ja noch so jung ...	»Jetzt nicht ... mehr!« weil ja schon so alt ...

Die perfekte Haltung, um nie im Leben antreten zu müssen!

ABER...

anstatt im System von Alibi und Flucht stecken zu bleiben

mache dir bewusst:

Ab 50 ist »später« jetzt!

WEIL:

Du jetzt erfahren, vital und frei genug bist, endlich deine Ideen, dein Leben zu leben!

DENN:

Wenn nicht jetzt – Wann dann?

Es gilt, die alten Muster aus Entschuldigungen und Fluchten zu durchbrechen. Sonst treten wie nie für uns selbst an. Die beste Haltung anstelle von SPÄTER ist:

LEBE JETZT!
UND PLANE FÜR UNENDLICH !

Hinter dem Gewirr aus Ängsten und Bedenken steckt noch eine weitere tiefe Grundangst. Vom Tag unserer Zeugung an sind wir davon abhängig, anerkannt und damit angenommen zu werden. Nur wenn unsere Mutter uns annimmt, können wir als Kind überhaupt leben.

Von Anfang an streben wir danach, von ihr wahrgenommen zu werden. Nur so bekommen wir die für unser Überleben wichtige Nahrung und Fürsorge, ohne die wir hilflos sterben würden. Daraus ergibt sich, dass unser Hauptbemühen darauf abzielt, diese Verbindung von unserer Seite aus so gut wie möglich zu erfüllen. So lernen wir bald, wie wir uns nach ihren Maßstäben so verhalten können, dass sie uns möglichst störungsfrei, das heißt regelmäßig und gleichbleibend, versorgt.

Dazu beobachten wir unsere Mutter und auch ihre und unsere Umgebung aufmerksam. So lernen wir die für das Zusammenleben nötigen Verhaltensmuster, Normen, Werte und Umgangsformen von klein auf. Unser zu diesem Zeitpunkt extrem offenes Bewusstsein, vor allen Dingen Unterbewusstsein, speichert alle diese Informationen lebensbestimmend ab, vergleichbar mit dem Betriebssystem eines Computers.

Die entscheidende Verknüpfung hierbei ist die zwischen den erlernten Verhaltensinformationen und der frühkindlichen Erkenntnis, dass von der Erfüllung der Vorgaben das eigene Überleben abhängig ist. Da das Überleben immer an erster Stelle steht, ist diese Prägung, anerkannt werden zu müssen, so tief, dass noch für uns als Erwachsene ein

Abweichen von vorgegebenen Wegen unbewusst als lebensbedrohlich empfunden werden kann. Das macht uns so abhängig von der Anerkennung durch andere.

Auch in der Schule und in der Ausbildung ist im übertragenen Sinn diese Grundprogrammierung weiter verstärkt worden. Die Autoritäten von Lehrern, Chefs, Lehrmeistern und Professoren entschieden mit ihren Zeugnissen und Bewertungen über unser Überleben in der Berufs- und Wirtschaftswelt. Also bemühten wir uns auch dort um deren Anerkennung und erfüllten ihre Normen und Vorgaben. Auch wenn wir während dieser Zeit vielleicht die eine oder andere Verweigerung, den einen oder anderen Streich verübt haben, waren wir damit noch lange nicht selbstbestimmt und außerhalb der vorgegebenen Systeme, sondern wurden meistens zurechtgewiesen oder sogar bestraft. Wir hatten in diesen Jahren keine wirkliche Wahl.

Inwieweit sich dies fortgesetzt hat in unseren Beziehungen zu unseren Partnern und damit auch wiederum zu deren Eltern, also unseren Schwiegereltern, weiß jede von uns persönlich am besten. Ich hatte mit Anfang 20 eine Schwiegermutter, die 41 Jahre älter war als ich. Sie war bei aller Herzenswärme eine Frau mit eiserner Energie und Disziplin, fest verankert in den Werten und Normen ihrer Generation. Es hat mich eine Weile Zeit und viel Energie gekostet, neben ihr in der Familie meinen erwachsenen Platz einzunehmen. Erst nach fünf Jahren bot sie mir das Du an. Von da an gingen wir gleichberechtigt miteinander um. Jede von uns respektierte nun die Entscheidungen und den Freiraum der anderen. Davor hatte ich mich stets um ihre Anerkennung und ihr Wohlwollen bemüht. Wie ein Kind gegenüber seiner Mutter, wie eine Schülerin oder Studentin gegenüber der Lehrkraft. Sie stellte durch Alter und Auftreten eine Autoritätsperson da, und ich reagierte mit meinem frühkindlichen Anpassungsmuster.

Diese langjährige Prägung spüren wir alle bis heute, obwohl sie meist unbewusst wirkt. Die Entwicklung von persönlichem Mut und der Fähigkeit zu selbstständigen Entscheidungen und eigenverantwortlichem Handeln wird in unserer Gesellschaft leider nicht gefördert. Dabei würden wir damit so vieles im Leben leichter, erfolgreicher und schneller bewältigen können. Besonders in unseren früheren Jahren.

Die Entscheidung für neue Wege im Leben erfordert oft genau diese Qualitäten von uns, also Mut, Selbstständigkeit und Eigenverantwortlichkeit. Speziell als Frauen, die wir besonders beziehungsorientiert sind und zusätzlich diese Eigenschaften von vornherein als unweiblich aberkannt bekommen haben, tun wir uns hier sehr schwer.

Und so leben wir – scheinbar anerkannt und zufrieden – in der »Eduscho-Gala-Welt«. Ich habe diesen Begriff nach einem Werbespot für Kaffee geprägt, in dem der Slogan vorkommt: »Ich wünsche mir, dass alles so bleibt, wie es ist!« Oft nenne ich es auch die »Persil-Philosophie«, denn das Waschmittel warb lange Zeit mit dem Slogan »Denn da weiß man, was man hat! Guten Abend!« Dies sind zwei von der Werbung erteilte Absagen an Entwicklung und Veränderung, die wir so ganz nebenbei mit dem Fernsehprogramm suggeriert bekommen. Und da wir Frauen ja immer noch besonders für Kaffee und Wäsche zuständig sind, sind wir für diese Botschaften zusätzlich noch etwas empfänglicher.

Nur Mut zum eigenen Potenzial, Euer Hoheit!

Die Eduscho-Gala-Welt und die Persil-Philosophie sprechen in uns Identifikationen an. Ich mache einen Unterschied zwischen den Identifikationen in unserem Leben und unserer Identität.

50 Und wenn die Prinzessin alles stets erhalten hat ...

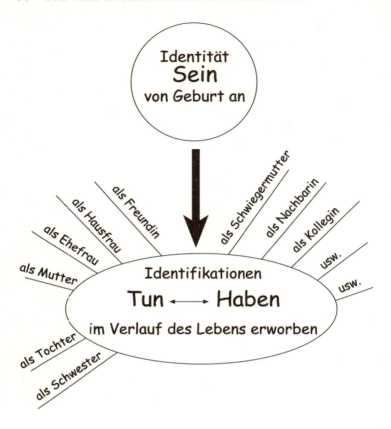

Während unsere Identität unser wirkliches Sein ist und unser gesamtes Potenzial umfasst, stellen die Identifikationen die angebotenen Rollen und Typen dar, die wir im Verlauf des Lebens erwerben und dann im Zusammenleben erfüllen.

Mit meiner Identität werde ich geboren. Dann lerne ich, wie sich in der Gesellschaftsschicht meiner Familie eine Tochter, eine Tochter meiner Mutter, eine Tochter meines Vaters, eine Enkeltochter, ein kleines Mädchen im Kindergarten, eine Schülerin, eine Auszubildende, eine Studentin, eine junge Frau, eine Nachbarin, eine Geliebte, eine Ehefrau, eine Kollegin und so weiter zu verhalten haben. Dazu gehören Kleidung, Verhalten, Umgangsformen, Sprache, Mimik und Gestik und vieles mehr.

Das sind fest umrissene Rollen, deren Einhaltung mir eine gewisse Anerkennung von Seiten der Familie und der Gesellschaft garantiert. Wenn ich mich wegen der nicht gelöschten und nicht hinterfragten Sehnsucht nach Anerkennung mit diesen Rollen unbewusst identifiziere, erlebe ich ein Leben in Identifikationen.

Auf dieser Ebene dreht sich mein Leben letztlich um die zwei Angelpunkte Tun und Haben. Das bedeutet, dass ich alles das tue, was mein Umfeld von mir erwartet, um das haben zu können, was man in meinem Umfeld eben so hat. Natürlich kann es sinnvoll sein, alles für eine Berufsausbildung zu tun, um anschließend einen guten Job zu bekommen. Die Voraussetzungen hierfür sollten aber nicht die Erwartungen der Umgebung, sondern meine ureigensten Wünsche sein. Genauso verhält es sich mit Statussymbolen und anderen Errungenschaften wie Autos, Häusern, Lebenspartnern, Prestige-Uhren und Kleidung und vieles mehr.

Dies alles steht häufig im traurigen Gegensatz zu meiner Identität. Vor allen Dingen erlauben die Identifikationen oft nicht die Entfaltung meiner tatsächlichen Potenziale. Statt der Mensch zu sein, der ich sein könnte, und meinen ganz eigenen Beitrag zu diesem Leben beizusteuern, bin ich die Person, die man gerne hätte, und liefere den Beitrag, der der jeweiligen Rolle/Identifikation zugestanden wird.

Wir zahlen diesen Preis, weil wir glauben, dass man uns nur so liebt. Und geliebt wollen wir werden, wir Mädchen – und später wir Frauen. Doch damit geben wir der Liebe von außen, die durchaus ihre Wichtigkeit hat, einen weitaus größeren Stellenwert, als der Liebe, die wir für uns selbst empfinden können. Wir glauben, dass wir nur dann liebenswert sind, wenn wir die in uns gesetzten Erwartungen in Form der Identifikationen leben. Das bedeutet in weiten Teilen, dass wir unser eigentliches Sein unterdrücken und uns damit glauben machen, dass unsere tatsächliche Identität nicht liebenswert sei. Wir verleugnen uns selbst, unseren Wert (es heißt ja liebens-wert) und verlieren dadurch im Laufe der Jahre oft in vielen Bereichen nicht nur unser Zutrauen zu uns selbst, unser Vertrauen in das Leben, sondern auch unseren Antrieb, also unseren Schwung, unsere Kraft und damit unsere Ausstrahlung.

Wir müssen wieder in einen bewussten Kontakt zu unserem ursprünglichen und kraftvollen Sein, also zu unserer Identität kommen – und trotzdem im Umgang mit anderen klar und ohne zu verletzen die eine oder andere Rolle oder Identifikation als vereinbarte Umgangsform leben können.

Simone de Beauvoir, die französische Autorin und Philosophin (1908–1986), sagte dazu: »Das Glück besteht darin, zu leben wie alle Welt und doch wie kein anderer zu sein.« Wir brauchen Mut, Eigenständigkeit und Selbstverantwortung, um auf diese Weise glücklich zu werden. Wir brauchen die persönliche Freiheit und Unabhängigkeit vom Wohlwollen der anderen. Nur so können wir unsere eigenen Schritte auf unserem eigenen Weg klar und bewusst gehen.

Ich fand es in diesem Zusammenhang interessant, dass eine Untersuchung gezeigt hat, dass Nobelpreisträger tatsächlich im Durchschnitt zwei Jahre länger leben als die »nur« für den Nobelpreis Nominierten. Da ja beide Gruppen ihre mit Sicherheit auch erfüllende und befriedigende Forschungsarbeit bereits geleistet haben, wenn sie für diese Entwicklungen und Entdeckungen nominiert werden, hängt die Verlängerung der Lebenszeit wahrscheinlich mit der dafür bezeugten Anerkennung zusammen. Im Falle der Preisverleihung kommen Anerkennung von außen und die eigene Anerkennung für das Geleistete und

Erreichte auf wunderbare Weise zusammen. Das tut gut und lässt länger leben!

Es ist faszinierend: Wenn wir klar und bewusst unseren eigenen Weg gehen, bekommen wir in der Folge dann oft auch von außen in der einen oder anderen Form wirkliche Anerkennung.

Unser Wohlwollen uns selbst gegenüber ist direkt mit unserem eigenen Wohlbefinden verbunden, während die vermeintliche Anerkennung durch andere uns in die Anpassung und damit oft zu weniger Wohlbefinden führt. Diese Erkenntnis fußt auf Erfahrung und Reife und vor allen Dingen auf Abstand zu unserem Leben in Abhängigkeiten, wie wir es während unserer Kindheit, Jugend und manchmal auch während der Liebesbeziehungen und Ehen in unseren früheren Jahren erlebten. Es ist die Haltung einer erwachsenen Frau und die Haltung einer Königin.

Schluss mit den dummen Bescheidenheiten!

Zu unseren Prägungen und Überzeugungen aus der Kindheit scheint auch ein besonderer weiblicher Komplex zu gehören. Immer wieder fällt mir besonders bei Frauen auf, dass sie ihre Fähigkeiten und Stärken so selbstverständlich hinnehmen, dass sie sie nicht einmal mehr wahrnehmen. Und dies, obwohl sie oft Erstaunliches damit leisten. Hingegen haben Frauen offensichtlich einen ausgeprägten Blick dafür, was ihnen vermeintlich fehlt. Darauf fokussieren sie sich dann.

Damit nicht genug, geben sie so viel Gewicht auf ihre angeblichen Defizite, dass sie damit ihr Selbstwertgefühl schwächen, ihre Minderwertigkeitsgefühle verstärken und sich deswegen vieles nicht (mehr) zutrauen und es sehr oft noch nicht einmal versuchen. Sie leben also trotz der Fähigkeiten, die sie auch hervorragende Leistungen hervorbringen lassen, mit dem Selbstbild: »Ich bin unfähig!« Besonders fatal ist dies im Zusammenhang damit, dass sie gleichzeitig mit großer Bewunderung bei allen anderen deren Fähigkeiten erkennen und anerkennen. Eben nur nicht bei sich selbst. Damit machen sie sich oft selbst noch kleiner.

Über die Jahre kann eine solche Verleugnung des eigenen Selbstwertes dann auch zusätzlich Entschuldigungen dafür liefern, in entscheidenden Lebenssituationen nicht anzutreten und nicht für sich einzustehen.

Die müde Kriegerin

Es gibt noch einen weiteren wichtigen Grund, warum wir nicht so ohne Weiteres in der Lebensmitte kraftvoll durchstarten. Viele von uns sind müde. Müde vom Kämpfen. Ich erlebe es immer wieder in meinen Seminaren und auch in meiner Coaching-Arbeit, dass Frauen häufig unter Tränen gestehen, einfach nicht mehr kämpfen zu wollen.

Sie haben sich in all den Jahren für so vieles verantwortlich gefühlt, so vieles durchsetzen müssen, viele Enttäuschungen und Verletzungen einstecken müssen, um danach wieder aufzustehen und weiterzukämpfen! Von diesem Kampf fühlen sie sich ausgelaugt und müde. Viele haben Sehnsucht nach mehr Gelassenheit, mehr Lebensfreude, mehr Genuss und Entspannung, mehr Leichtigkeit und dem Fließen im Lebensstrom. Dass sie in den vergangenen Jahrzehnten oft und vieles für andere und im Außen erkämpft haben und dabei sich selbst und die eigenen Sehnsüchte energiezehrend zurückgestellt haben, ist ihnen nicht bewusst.

Hier kommt die gute Nachricht: Die Entscheidung, Königin zu werden, ist die Lösung! Die Königin steht nämlich unter anderem auch für ruhige Weisheit und frohe Gelassenheit. Natürlich hat auch sie Konflikte im Außen, sie geht sie aber eben nicht mehr als Kriegerin und Amazone an, sondern regelt diese Punkte aus ihrer royalen Position heraus. Wir werden zu dieser ganz anderen Vorgehensweise und Haltung noch genauer kommen.

Hier sei doch schon einmal zur Beruhigung klargestellt: Das Gute an der Königin-Einstellung in der zweiten Lebenshälfte ist das Ende des ermüdenden Kampfes. Wenn wir das Bild annehmen, dass vor uns noch weites und unentdecktes Land liegt, weil sich noch keine Frauengeneration vor uns bewusst damit auseinandergesetzt hat, so jung und vital, erfahren und attraktiv in eine so lange zweite Lebenshälfte hineinzugehen, dann muss dieses Land nun regiert und gestaltet werden. Aber es gibt dort noch niemanden, mit dem wir kämpfen könnten. Dieses neue, weite Land steht uns zur Verfügung. Wir haben keine Vorbilder für diesen Weg. Was für eine Freiheit! Was für eine Chance! Wir können also Pionierin, Entdeckerin und Königin in einer Person sein. Willkommen im Gelobten Land!

Queen Mum

Jetzt möchte ich noch einmal auf einen schon oft erwähnten Punkt zurückkommen. Wir haben bei den Altersparadigmen über die Rolle unserer Eltern gesprochen. Dabei sind wir uns bewusst geworden, wie sehr wir durch die Abhängigkeit als Säuglinge und Kleinkinder von der Anerkennung unserer Eltern geworden sind. Nun werden nicht nur wir heutzutage älter, sondern auch unsere Eltern erfreuen sich in den meisten Fällen bereits eines längeren Lebens. Doch bei allem Glück, das in dieser Tatsache liegen kann, ist dies auch mit Komplikationen und Reibereien verbunden. Es ist sehr viel schwieriger für uns, endgültig erwachsen zu werden und unsere Position und unseren

Raum im Leben und in der Familie einzunehmen, solange wir immer noch gleichzeitig Kinder sind.

Ich staune zum Beispiel immer, wenn Teilnehmer in meinen Seminaren und manchmal auch Klienten im Gespräch erwähnen, dass sie »nach Hause« gefahren sind oder »zu Hause« die und die Schwierigkeiten haben – und damit noch immer ihr Elternhaus meinen. Obwohl sie schon seit Jahrzehnten eine eigene Wohnung, ein eigenes Haus und meist auch einen Lebenspartner und mit ihm eine eigene Familie haben, sprechen sie von ihrem Elternhaus immer noch als »dem Zuhause«. Dies beobachte ich besonders oft bei Frauen. Es ist ihnen meist nicht bewusst.

Besonders krass können wir dieses Problem des Generationswechsels bei den Windsors, der englischen Königsfamilie, beobachten: Queen Mum, die Mutter von Königin Elisabeth, wurde 102 Jahre alt. Sie hat bis zum Schluss Repräsentationspflichten erfüllt. Überall wo sie auftrat, war sie die alte Königin und wurde als Majestät angeredet. Sie genoss hohes Ansehen. Ihre Tochter, Königin Elisabeth II., war schon 76 Jahre alt, als ihre Mutter starb. Sie war zu diesem Zeitpunkt schon über 50 Jahre im Amt als Königin. Trotzdem war sie parallel natürlich weiterhin die Tochter der alten Königin. Bis auf die gemeinsamen Auftritte, bei denen die amtierende Königin, deren Ehemann zwar hinter ihr gehen muss, ihrer Mutter jedoch immer aufmerksamen Respekt zollte, gab es hier zunächst weniger zu sehen. Deutlich wird es hingegen, wenn wir eine Generation weiter gucken.

Prinz Charles ist ein nun schon 60-jähriger Kronprinz. Mit den beiden Frauen aus den Generationen vor ihm, die offensichtlich über eine sehr gesunde Langlebigkeit verfügen, hat er keinerlei Chancen, einen ihm und seinen Fähigkeiten angemessenen Platz einzunehmen. Und man fragt sich, ob und wann er jemals König werden wird. Nach meinem Empfinden hat er auch nicht die Ausstrahlung eines Königs. Vielleicht noch nicht. Doch dies kann auch daran liegen, dass ihm die Damen vor ihm keinen Raum als König geben. So wird er immer mehr ein ergrauender Prinz und wirkt dabei etwas traurig. Inwieweit nun Prinz Charles trotzdem mit Bewusstsein seinen Platz gestalten könnte, überlassen wir ihm. Wir konzentrieren uns auf uns selbst!

Diese Hemmung, in Führung zu gehen, solange die Generation vor uns noch vital ist, ist eine ganz natürliche Haltung. Ich konnte dies einmal beobachten, als ich eine alte Hündin hatte und parallel dazu eine junge Hündin ins Haus kam. Obwohl die junge Hündin einer sehr viel größeren Rasse angehörte und die alte Hündin schon bald um Haupteslänge überragte und ihr vor allen Dingen körperlich an Kraft und Vitalität bei Weitem überlegen war, ordnete sie sich völlig unter. Dann kamen die Tage, an denen die alte Hundedame Herzprobleme hatte. Und das Kuriose geschah: An den Tagen, an denen sie wirklich apathisch und völlig kraftlos dalag, übernahm meine jungen Hündin zu hundert Prozent den »Job« des Aufpassens und Verteidigens, sie übernahm die Führung. Wenn die alte Hündin dann aber am nächsten Tag bei kühlerem Wetter wieder fitter war, ordnete sie sich sofort wieder klaglos unter.

Doch im Gegensatz zu unseren Hunden leben wir ein bewusstes Leben und haben vor allem ganz andere Herausforderungen in unserem Leben zu meistern. Da kann diese unbewusste Hemmung, in Führung zu gehen, sehr hinderlich sein. Deshalb müssen wir Frauen, wenn wir in unsere Lebensmitte kommen und unsere Mütter noch leben, uns mit dieser Situation bewusst auseinandersetzen. Es hilft weder unseren Müttern noch uns selbst, wenn wir ihnen gegenüber kindliche Töchter bleiben.

Aber auch eine zickige Tochter, die ständig gereizt, genervt und vielleicht auch mit Streit reagiert, bietet keine Lösung und zeigt nur auf, dass die Situation unbefriedigend und nicht positiv gelöst ist. Es lohnt sich wirklich, sich mit diesem Phänomen auseinanderzusetzen. Wenn du selbst eine Mutter, vielleicht sogar von einer oder mehreren Töchtern bist, dann möchtest du später von ihnen auch nicht so behandelt werden. Wäre es nicht schön, wenn wir diese Beziehungen mit Anerkennung füreinander, partnerschaftlichem Umgang miteinander, der auch konstruktive Kritik zulässt, und vor allen Dingen mit Liebe zueinander gestalten könnten?

Das ist möglich. Erwarte nicht, dass deine Mutter als Erste die dafür notwendigen Schritte tut. Dies wäre wieder die Erwartungshaltung eines Kindes. Damit bist du weiter abhängig von ihrer Entwicklung. Überdenke und verändere stattdessen deinen Standpunkt. Verlasse den Standpunkt des Kindes.

Es gibt dazu einen wunderbaren Satz, auf dessen Bedeutung ich dich noch einige Male in diesem Buch aufmerksam machen werde:

> Wenn du tust, was du immer getan hast,
> wirst du bekommen, was du immer bekommen hast!

Nun ist es nicht damit getan, dass du vielleicht einfach freundlicher zu deiner Mutter bist. Nach kurzer Zeit würden dieselben Reibungspunkte wieder mit derselben Wirkung auftreten. Wichtig ist, dass du deine Erwartungen, die du seit deiner Kindheit und vielleicht noch immer unbewusst an deine Mutter hast, einmal bewusst überprüfst und dann loslässt. Anders ausgedrückt: Gib einfach die Idee von einer perfekten Mutter auf, die dir die Liebe und Anerkennung endlich so gibt, wie du es schon immer gebraucht hast. Diese Mutter wirst du nicht mehr bekommen. Sie war während deiner Kindheit und Jugend, aus welchen Gründen auch immer, nicht so. Und danach habt ihr beide voneinander stärker gelöste, eigene Leben geführt. Warum sollte sie jetzt noch so werden, wie du sie dir seit damals wünschst? Ihr gehört beide derselben Familie an, ihr wart einmal Mutter und Kind. Ihr habt euch beide weiterentwickelt, und jetzt steht ihr vor einem anderen und neuen Lebensabschnitt.

Die Herausforderung für uns Töchter liegt darin, anzuerkennen, dass es auf dieser Welt keine perfekten Mütter gibt – weder für uns noch für unsere Kinder! Und ist es nicht so, dass wir gerade in den Lebenssituationen, in denen wir vergeblich glaubten, unsere Mutter ganz besonders zu brauchen, unsere größten Entwicklungsschritte für uns selbst getan haben? Indem du ganz bewusst und klar endlich den Traum von deiner großen, alles könnenden und perfekten Mutter verabschiedest und dich mit der liebevollen Einstellung einer reifen Frau auf die Frau in deinem Leben einlässt, die deine Mutter jetzt ist, wirst du wirklich erwachsen und frei. Im gleichen Maß, wie wir unsere Mutter heute so annehmen können, wie sie jetzt ist, schließen wir Frieden mit einem wesentlichen Teil unserer eigenen Persönlichkeit und gewinnen dadurch für uns Selbstwert und Freiheit.

Um das noch einmal klarzustellen: Es geht hier nicht darum, alles gutzuheißen, was meine Mutter damals getan hat oder heute tut. Doch mach dir bewusst, dass sie genau wie du und wir alle es immer so gut getan hat, wie sie es zum jeweiligen Zeitpunkt gerade konnte. Hätte sie es besser gekonnt, hätte sie es besser gemacht. Mit diesem Bewusstsein kannst du dann vielleicht die Gefühle von Traurigkeit, Schmerz, Verletztheit, Scham und so weiter, die das Verhalten deiner Mutter in dir ausgelöst haben, endlich loslassen.

Darauf kommt es an, frei von diesen alten und belastenden Emotionen zu sein. Ohne dieses »Gepäck« kannst du endlich deinen kindlichen Standpunkt verlassen und unbelastet dein eigenes Leben genießen.

Falls du heute eine Mutter hast, die auch weiterhin in dein Leben eingreift oder eingreifen möchte, findest du nun aus dieser neuen, erwachsenen Position heraus deinen Weg, in Gelassenheit und Klarheit damit umzugehen.

King Dad

Mit den Vätern verhält es sich grundsätzlich erst einmal ähnlich. Auch hier hoffen wir in den meisten Fällen lebenslang auf Anerkennung. Doch hier kann noch ein weiterer Punkt hinzukommen: Im Leben der meisten kleinen Mädchen ist der Vater die erste große Liebe, die erste Begegnung mit dem anderen Geschlecht. Diese Liebe findet in gesunden Familien keinen sexuellen Vollzug, meist nicht einmal in den bewussten Gedanken.

Doch fest steht: Der Vater ist meist der erste Mann, mit dem das Mädchen körperliche Nähe hat. Manchmal kann da natürlich auch ein Bruder sein, vielleicht sogar ein älterer Bruder, doch da der Vater ja auch der »König« in der Familie ist und meist ein viel zugewandteres Interesse an dem kleinen Mädchen hat als der mit seiner eigenen Entwicklung beschäftigte Bruder, entwickelt sich hier in den meisten Fällen eine ganz besondere Beziehung.

Damals in unserer Kindheit war der Vater auch oft der Verbindungsmann zur großen Welt im Außen, während unsere Mutter das Zentrum unserer kleinen Welt zu Hause war. Diese Position hat dem Vater häufig noch ein zusätzliches Charisma verliehen.

Entscheidende Etappen in der besonderen Vater-Tochter-Beziehung stellen die Jungen und Männer dar, die das Mädchen und später die Frau als ihre Partner mit in die Familie bringt. Dies ist für Tochter und Vater eine Herausforderung. Je nachdem, wie intensiv die Bindung zwischen Vater und Tochter ist, speziell in den Familien, in denen aufgrund von Eheproblemen der Eltern die Tochter manchmal die »bessere kleine Frau« für den Vater zu sein scheint, wählt die Tochter ihre Partner entweder so, dass sie das Beziehungsverhältnis zu ihrem Vater möglichst wenig irritieren, oder sie wählt im Vergleich zum Vater, nur mit der Billigung des Vaters oder eine Provokation für ihren Vater. Auf jeden Fall wählt sie kaum frei von ihrem Vater. Auch dem Vater stehen alle möglichen Reaktionen zur Verfügung, angefangen bei liebevoll irritiert, über hilflos dagegen, bis hin zu besitzergreifend eifersüchtig. Dies gilt auch häufig bei der Wahl des Berufes und den folgenden Karriereentscheidungen. Und natürlich in der Erziehung der Kinder.

Die ständige unbewusste Frage, wie der Vater unsere Schritte sehen und werten wird, wird so lange gestellt, bis wir auch hier die Beziehung von unserer Seite aus bewusst klären. Auch in der Vater-Tochter-Beziehung sollten wir ab einem von uns bestimmten Punkt den Vater als Mann in seinem jetzigen Alter mit seinem eigenen Leben annehmen und akzeptieren, um so auch hier als nun erwachsene Frau partnerschaftlich eine neue und freiere Beziehung gestalten zu können.

Ich möchte in beiden Fällen betonen, sowohl in unserer Beziehung zu unserer Mutter als auch in der zu unserem Vater, dass es hier um die Gestaltung einer gleichberechtigten und partnerschaftlichen Familienbeziehung unter Erwachsenen geht. Dies schon deswegen, weil es auch unsere Eltern in ihrem Alterungsprozess unterstützt, wenn wir sie weiterhin als voll im Leben stehend anerkennen. Häufig aber wird stattdessen aus der sehr langen Tochter-Eltern-Beziehung eines Tages, wenn es den Eltern nicht mehr gut geht, eine umgekehrte Beziehung dahingehend, dass die Tochter nun die Mutter der alten Eltern wird, die somit in eine Kinder-Position kommen.

Vielleicht kommt es eines Tages auf ganz natürlichem Weg dazu, dass die Eltern im höheren Alter wieder kindlich werden. Wir werden dann entscheiden müssen, ob es ihnen nicht auch dann besser tut, wenn wir statt zu ihrer Mutter zu werden weiterhin ein reifer erwachsener Partner an ihrer Seite sind. Nur eben jünger.

Was wir schon immer wussten ... und nun endlich tun sollten!

> Das schönste und ergreifendste unserer Gefühle
> ist die Empfindung des Mystischen.
> Diese Empfindung ist die treibende Kraft
> hinter jeder wahren Wissenschaft.
> *Albert Einstein*

Nachdem wir zwischenzeitlich feststellen konnten, dass wir tatsächlich die jüngsten 50-Jährigen der Geschichte sind, wissen wir nun auch, dass mit der Anerkennung unserer Vitalität in diesem Alter mit großer Wahrscheinlichkeit noch eine lange Lebensspanne vor uns liegt. Ohne Weiteres noch einmal 50 Jahre! Dieses zweite 50 Jahre währende Leben können wir, wenn wir bewusst unsere Einstellung und Haltung dazu wählen, ganz anders und sehr erfüllend gestalten. Dazu wird es wichtig sein, mehr über die Qualitäten der Königin zu erfahren. Wir haben uns auch angeschaut, wo unsere Hemmschwellen in der Mitte des Lebens liegen. Die Generationenwechsel in unserer Familie und unsere tief programmierte Ausrichtung auf Anerkennung sind Tatsachen, die uns, wenn wir sie erkennen, andere und neue Optionen eröffnen.

Nach dieser Bestandsaufnahme ist es nun an der Zeit, unseren Blick konkreter in unser zukünftiges Leben zu lenken. In diesem Kapitel möchte ich Bilder und Ideen anbieten, die dich darin unterstützen können, diese zweite Lebenshälfte noch natürlicher als das Geschenk eines weiteren Lebens mit allen Möglichkeiten anzunehmen. Ich möchte sehr gern, dass du tatsächlich all die dafür hinderlichen

Überzeugungen und Programmierungen aus der Vergangenheit der ersten 50 Jahre deines Lebens hinter dir lässt.

Anstatt das Älterwerden mit dem Alter undifferenziert in einen Topf zu werfen und wie ein Damoklesschwert von nun an über deinen Kopf zu hängen, kannst du munter und freudig auf Jahrzehnte eines glücklichen und erfüllten Lebens vor dir blicken.

Anstatt dich in resignativer Zufriedenheit einzurichten und zu hoffen, dass möglichst alles so bleibt, wie es ist, kannst du anerkennen, dass das Leben ein ständig weiterfließender Strom ist, der ab jetzt, wenn du deine Einstellung dafür öffnest, noch viele spannende Jahre mit Erfahrungen, Lebendigkeit und tief empfundenem Glück für dich bereithält.

Anstatt dich auf deinen baldigen Eintritt in das Rentnerdasein und die Verknappung deiner Ressourcen und Möglichkeiten zu fokussieren,
... wie lange bin ich noch attraktiv?
... wie lange wird meine Partnerschaft noch bestehen?
... welche Reisen kann ich noch machen?
... ab wann soll ich in ein Altersheim gehen?
... wie lange werde ich noch fit sein?
... lohnt sich das oder jenes überhaupt noch?
kannst du dich für die Weite des Lebens vor dir und die Fülle der Möglichkeiten darin öffnen. Kurz gesagt: Anstatt in den Chor »Das ist der Anfang vom Ende« einzustimmen, kannst du dich auf Durchstarten programmieren. Deine innere Haltung entscheidet darüber, in welche Richtung dein Blick dabei geht.

Sooft dieser Satz beziehungsweise dieses Bild schon benutzt worden ist, so spürbar macht es doch den Unterschied in der Einstellung zu etwas: Ich meine das Bild von einem zur Hälfte gefüllten Glas. Eine Betrachtung ist, das Glas als halb leer anzusehen. Und dies hat schon im Moment der Betrachtung aus diesem Blickwinkel eine direkte

Wirkung auf mein Befinden in diesem Augenblick. Ebenso wirksam, aber völlig anders ist es, wenn ich dasselbe Glas als halb voll betrachte. Ich kann in beiden Fällen direkt spüren, wie es auf mich wirkt.

Dies funktioniert bei der Füllung eines Glases oder eines Tellers ebenso gut, wie bei abstrakten Mengen von Arbeit oder Zeit. Ich kann mir sagen, dass ich schon die Hälfte der Arbeit geschafft habe. Oder ich kann mir sagen, dass ich nur die Hälfte bisher geschafft habe. So kann ich mich in der Mitte meiner Urlaubszeit darüber freuen, noch einmal so viel Zeit vor mir zu haben, oder ich sage mir, dass eine Hälfte schon vorüber ist. Jedes Mal ist die Wirkung sofort und direkt da.

Und so ergeht es uns auch in der Lebensmitte. Wir sind gefordert, zu entscheiden, wie wir die noch vor uns liegende Zeit sehen wollen. Zunächst einmal ist es dabei schon ein erheblicher Unterschied, wenn wir anstatt von unserer Lebensmitte, was für viele bereits ein sehr großer Schritt ist, tatsächlich von einem vollen zweiten Leben ausgehen. Dies beinhaltet nämlich das Anerkennen einer Wiedergeburt und somit eines kraftvollen Neubeginns. Das setzt noch einmal einen neuen, frischen Schwung frei. Dazu zwei aufschlussreiche Bilder: einmal der Phönix-Mythos, der Jahrtausende alt ist und sich durch fast alle Kulturen zieht. Zum Zweiten die Betrachtung der Lebenszyklen aus der Sicht der Kabbala. Als Kabbala wird die mystische Tradition und Überlieferung des Judentums bezeichnet, die ihre Wurzeln direkt in der Thora, den fünf Büchern Mose, hat.

Wir sind die Phönix-Generation

In uralten Sagen und Mythen wird der Phönix als eine Urschöpfung der Sonnengöttin gesehen. Sie schuf ihn, bevor sie den Tieren, Pflanzen und Vögeln das Licht schenkte.

Als sie mit ihrem flammenden Schwert das Firmament entzündete, fielen dabei einige Funken in das Nest des Phönix' im Garten der Göttin. Der große goldene Vogel schlug mit seinen Flügeln, und das Nest ging in Flammen auf. Auch das Gefieder des Phönix' fing Feuer. Doch dann geschah etwas ganz Besonderes: Obwohl der Vogel verbrannte, erhob er sich anschließend aus der Asche, jung und strahlend schön! Der Phönix war wiedergeboren!

Seit diesem ersten Feuer der Himmelsflammen haben sich die Farben des Phönix' verändert. Sein Gefieder ist noch immer an Hals und Kopf golden wie Sonnenstrahlen am Morgen, sein Körper hingegen hat nun eine tiefe Purpurfarbe wie die untergehende Sonne. Seine acht langen Schwanzfedern leuchten feuerrot.

Der Phönix, auch Feuervogel genannt, hat einen wunderbaren Gesang, der die Zuhörer verzaubern kann. Er wird als heiliger Vogel verehrt und ihm werden Zauberkräfte nachgesagt, weil er sich jeweils nach einem hundertjährigen Leben wiederum ein Nest baut, das er mit einem von Donner begleiteten Flügelschlag in Flammen setzt. Der Phönix verbrennt in diesen Flammen und steigt anschließend aus der Asche wieder jung und strahlend hervor. Die schwelenden Überreste seines alten Körpers bringt er zum Altar der Sonnengöttin. Dort paart er sich mit einem anderen wiedergeborenen Phönix in einem Tanz von Licht und Feuer. Sie kleiden das Nest mit den Resten der verbrannten Körper aus und brüten dort im Tempel der Sonnengöttin ein Junges aus. Dies geschieht nur alle 100 Jahre.

Das Nistmaterial der verbrannten Körper und die Eier des Phönix gelten als Verjüngungsmittel. Die Priesterinnen des Sonnentempels haben als Einzige Zugang dazu. Wer diese Mittel anwendet, wird 100 Jahre lang jung bleiben. Die Priesterinnen kennen auch die Schönheit des Balzgesangs der mystischen Feuervögel. Mit den Schwanzfedern des Phönix kann man himmlische Feuer entzünden.

Der Phönix steht also für die zyklische Wiedergeburt in Jugend und Schönheit und damit für den wirklichen Neubeginn. Doch er muss für diesen Neubeginn den Feuertod sterben. Er muss alles das, was ihn ausmacht, in den Flammen aufgeben und loslassen. Trotzdem geben dann gerade diese verbrannten Reste die Energie und den Schutz für das neue Leben der nächsten Generation. Man könnte auch sagen, der Vogel streift seine alten Erfahrungen ab, verbrennt die Verbindung dazu, um völlig neu zu beginnen. Gleichzeitig jedoch wärmen und schützen seine Erfahrungen die Generation der nun geborenen Kinder.

Ist dies nicht ein wunderschönes Bild für uns zu einer Zeit in unserem Leben, wo unsere Kinder »flügge« sind und vielleicht sogar schon die Generation der Enkelkinder ihr Leben beginnt? Wir lassen dabei unser altes Leben hinter uns, sterben damit den schon erwähnten »kleinen Tod«, um voller Kraft und neuer Schönheit ein neues Leben zu beginnen. Wir, die jüngsten 50-Jährigen der Geschichte, sind eine wirkliche Phönix-Generation! Wenn wir bewusst und bejahend dieses Geschenk eines vollen zweiten Lebens annehmen, erleben wir eine zweite Geburt und erstehen neu wie der Phönix aus der Asche!

Die Weisheit der Kabbala

Jetzt möchte ich dir zum Phönix-Mythos eine weitere sehr interessante Idee, diesmal aus der Philosophie der jüdischen Kabbala, anbieten. In der Kabbala hat die Zahl 7 eine wichtige Bedeutung. Es ist sehr interessant, sich dort in die Bedeutungen der Zahlen genauer hineinzulesen. Es gibt hier viele Quellen zum Thema Numerologie. Doch für unseren Zusammenhang nehmen wir die Bedeutung der 7 einfach an und schauen, was für unser Thema darin steckt.

Die Kabbalisten leiten von der 7 einen 7er-Rhythmus ab. Sie sagen, dass wir in einem Leben sieben Zyklen mit jeweils sieben Jahren absolvieren. Das heißt: 7 mal 7 ist 49. Jeder Zyklus steht dabei für eine Entwicklungsphase, wobei im letzten Zyklus quasi eine Zusammenfassung der vorliegenden Zyklen erlebt wird. Das macht die Jahre zwischen 42 und 49 auch oft zu besonders turbulenten Jahren. Untersuchungen zeigen sogar, dass sich die meisten Erwachsenen im Alter zwischen 40 und 50 am schlechtesten fühlen. Danach geht es mit ihrer Stimmung wieder bergauf.

Nach den sieben Zyklen ist dann der gesamte Lebenslauf abgeschlossen. Nun folgt ein Sabbatjahr, also eine Pause. Dieses Jahr wird gern verglichen mit der Brache, also dem Jahr, in dem der Bauer seinen Acker ruhen lässt, damit der Boden sich erholt und anschließend wieder fruchtbarer ist. Also: 7 mal 7 ist 49, plus 1 ist 50. Nach dem Sabbatjahr beginnt ein neues, zweites Leben mit wiederum sieben Zyklen von jeweils sieben Jahren.

Du siehst, schon die Kabbalisten vor Hunderten von Jahren hatten durchaus die Idee, dass wir 99 Jahre und älter werden können. Auch gibt es bei ihnen die Idee, das zweite Leben nun bewusster, erfahrener und erfüllter zu gestalten und zu erleben. Was mir dabei besonders gut gefällt, ist wiederum der Ansatz, ab 50 eine zweite Kindheit und danach ab 57 eine zweite Jugend zu erleben. Ab Mitte 60 werden wir dann langsam erwachsen.

Es steckt so viel Kraft, pure Lebenskraft in diesem Ansatz. Und gleichzeitig so viel Lebensfreude! Nun, wie gefällt dir dieser Ansatz?

An dieser Stelle möchte ich eine Übung einfügen, mit deren Ergebnissen wir später weiterarbeiten werden. Es kann sehr schön und unterstützend sein, wenn du dir dazu eine schöne und harmonische Musik auflegst. In meinen Seminaren und Beratungen arbeite ich sehr viel mit Unterstützung der Musik. Ich finde sie besonders bei unseren

Introspektionen, wenn wir uns mit uns selbst auseinandersetzen, sehr hilfreich. Musik kann uns direkt mit unseren Gefühlen verbinden und verhindert damit, dass wir wesentliche Punkte allzu leicht zer-denken.

Die Übung zu den Lebensbereichen, Teil 1

Bitte nimm dir einen größeren Bogen Papier, DIN A3 oder größer wäre prima. Falls du nur kleinere Bögen besitzt, kannst du ganz einfach zwei oder vier davon mit etwas Tesafilm zu einem größeren Bogen zusammenkleben. Nun geht es darum, dass du auf diesem Bogen mit einem Stift (ein Bleistift gibt dir zunächst mehr Korrekturmöglichkeiten) über das ganze Papier verteilt deine verschiedenen Lebensbereiche aufschreibst.

Die Übersicht der Lebensbereiche könnte Folgendes umfassen:
- Familie
- Beruf
- Partnerschaft/Ehe
- Freundinnen und Freunde
- Hobbys
- Haushalt
- Zeit für mich selbst
- Reisen
- Sport

Diese Bereiche wiederum können auch unterteilt sein. So kann sich der Bereich Familie zum Beispiel aufteilen in die Lebensbereiche:
- Kinder
- Eltern
- Großfamilie
- Enkelkinder
- Freunde

Der Bereich Hobby kann sich wiederum aufteilen in:
- Lesen
- Malen
- Kino
- Theater
- Sport

und so weiter

Wichtig hierbei ist, dass du zunächst einmal alle Lebensbereiche aufführst, die jetzt zu deinem aktuellen Leben gehören.

Dann nimm aber bitte auch die Lebensbereiche mit auf dieses Papier, die du vielleicht gern leben würdest, aber bis heute nicht in deinen Alltag aufgenommen hast. Zum Beispiel vielleicht das Hobby Tanzen, oder, was ich bei meinen Beratungen sehr häufig antreffe, du willst überhaupt erst einmal den Lebensbereich »Zeit für mich« wahrnehmen und aufschreiben. Fühl dich ganz frei, hier auch wünschen zu können.

Du wirst im Verlauf der Übung später sehen, dass sich manche Bereiche von selbst erledigen, während andere Lebensbereiche erheblich an Bedeutung und Raum gewinnen. Doch jetzt sind wir zunächst noch bei der Vorbereitung und dafür ist es wichtig, dass du alle diese Lebensbereiche deines Lebens wie kleine Inseln auf diesem Bogen Papier verteilt notierst.

Wenn du dies jetzt gleich praktisch umsetzt, können wir in unserem Thema fortfahren, um dann mit der nächsten Übung weitere Schritte für dein zweites Leben zu gehen.

Das Rezept für Frische und Schönheit

Ich möchte den einen Punkt noch einmal aufgreifen: eine Kindheit ab 50! Klingt verrückt oder kindisch? Nach albernem zweiten Frühling? Klar, damit kann man es abtun. Und vielleicht auch vergessen ... Doch was wäre, wenn es möglich ist, ohne verrückt, kindisch oder albern zu sein? Zunächst einmal sind dies alles wieder Bedenken dazu, wie wir nach außen wirken, also ob man uns dafür noch mögen und anerkennen wird. Das alte Spiel! Wir wollen nach außen hin perfekt erscheinen.

Ab jetzt, zu Beginn unseres zweiten Lebens, kommt es aber darauf an, was perfekt zu uns selbst passt! Dazu ist es wichtig, das Bild von einem Kind in seiner Kindheit größer zu sehen. Ein natürliches, gesundes Kind in seiner Entwicklung ist weder kindisch noch verrückt noch albern. Dieses Kind ist kindlich und liebenswert, weil es offen und mit großen Augen durch das Leben und die Welt geht, bereit, unvoreingenommen und frei zu lernen, zu erkennen und zu erleben. Wunderbare Eigenschaften!

Das Schöne an dieser zweiten Kindheit ab 50 ist die Tatsache, dass wir nicht mehr klein, abhängig von der Fürsorge durch die großen Menschen, nicht mehr mit dem Erlernen körperlicher Fähigkeiten beschäftigt und vor allen Dingen zusätzlich mit den Erfahrungen eines ersten Lebens ausgestattet sind. Was für eine Chance! Wie oft höre ich ältere Erwachsene sagen: »Ich wäre so gern noch einmal jung, aber mit dem Wissen, das ich heute habe!« Hier ist die Chance dazu!

Natürlich sehen wir nicht sofort auch jung aus. Eine in dieser Form veränderte innere Einstellung zum Leben wirkt sich jedoch auf unsere äußere Haltung und unsere Ausstrahlung sehr positiv aus. Denke einmal an die Menschen, die dich in unserer Generation am stärksten positiv beeindrucken. Was macht es aus, dass sie so wirken? Ist es nicht vor allen Dingen ihre offene und lebendige Ausstrahlung? Genau wie bei einem Kind. Das ist das Geheimnis von zeitloser Jugend oder vielleicht besser: jugendlicher Zeitlosigkeit! Darin liegt auch wirkliche menschliche Schönheit.

Dagegen steht oft die geistige Abgeschlossenheit und Schwunglosigkeit der frühzeitig Arrivierten in den mittleren Jahren, die ihren eingefahrenen Routinen frönen und dabei trotz manchmal erfolgreicher Liftings einfach alt wirken. Hierzu gehören auch jene, die schon alles wissen, leider nichts mehr »ent-lernen« und nicht mehr bereit sind, Neues offen dazuzunehmen.

Ich glaube tatsächlich, dass das Rezept für lange währende Jugendlichkeit und lebendige Frische ein junges und offenes Bewusstsein ist. Natürlich wird dies unterstrichen von einem frischen Erscheinungsbild. Dieses liegt aber nicht allein in der Faltenlosigkeit, einem durchtrainierten Körper, modischer Kleidung oder sportlichen Bewegungen. Allerdings wird eine Frau mit einem jungen und offenen Bewusstsein automatisch auch in allen diesen Punkten ihren eigenen für sie stimmigen individuellen Ausdruck haben.

Ein waches und lebendiges Bewusstsein umfasst auch ein gutes Körperbewusstsein. Was jedoch ihr Körper ganz individuell ausdrücken soll, entscheidet jede Frau, wir können ruhig sagen, jede Königin, ganz eigenständig für sich selbst und unabhängig von vorgegebenen Normen. Hierzu gehört auch der Bereich der Schönheitsoperationen. Heute ist fast alles möglich – jedoch definitiv nicht alles nötig! Noch einmal, auch wenn es hart klingen mag: Die angestrebte äußere Perfektion kann niemals eine fehlende innere Stimmigkeit ersetzen.

Wenn wir jedoch innerlich stimmig, ausgeglichen, wach und mit uns selbst im Einklang sind, spiegelt sich dies auch in unserem Äußeren wider und wir strahlen eine ge-

Das Rezept für Frische und Schönheit 73

sunde Harmonie und lebendige Persönlichkeit aus, die viel sympathischer und attraktiver als jede angestrebte, oft jedoch sterile äußere Perfektion ist.

Die Übung zu den Lebensbereichen, Teil 2

Überprüfe noch einmal, ob tatsächlich alle Lebensbereiche, in denen dein Leben aktuell stattfindet, ebenso notiert sind wie die Lebensbereiche, die du gern in dein Leben mit hineinnehmen möchtest. Wenn du die Übersicht gegebenenfalls vervollständigt hast, kommt der zweite Schritt.

Es wäre schön, wenn du hierfür tatsächlich 150 – wirkliche 150 – Glasperlen, trockene Bohnenkerne, Linsen oder trockene Erbsen, vielleicht auch Legaton von der Hydrokultur, Kieselsteine aus dem Gartenbeet oder etwas Ähnliches zur Verfügung hättest. Zusammen ergeben diese 150 Stückchen von was auch immer eine sichtbar beachtliche Menge. Es ist wichtig, dass diese Menge groß erscheint. Sie stellt deine dir zur Verfügung stehende Energie und Zeit dar. 150 Stückchen sind deswegen so wichtig, weil wir in dieser Größenordnung ein wenig den Überblick verlieren und uns darauf einlassen können, einfach eine Menge und ihre Untermengen zu sehen.

Es geht jetzt nämlich darum, dass du nun ohne Anspruch auf exakte Zahlenmengen aus deinem Gefühl heraus alle Stückchen so verteilst, dass sie auf dem Papier zeigen, wohin proportional deine Lebensenergie derzeit fließt. Fühl dich ganz frei, dabei die Mengen zu verändern, sie hin und her zu schieben, bis du tatsächlich das Gefühl hast: Ja, so verteilt sich meine Lebensenergie und damit auch *in etwa* die Zeit auf meine aktuell gelebten Lebensbereiche.

Wenn du dies für dich festgelegt hast, zähle bitte die Stückchen auf den verschiedenen Inseln, deinen Lebensbereichen, und notiere die Ergebnisse. Ob du die Zahlen dabei neben die Inseln schreibst oder lieber auf einem Extrabogen festhältst, ist dir ganz frei überlassen.

Lass diesen Bogen mit den verteilten Stückchen am besten eine Zeit lang gut sichtbar liegen, damit du wirklich klar sehen kannst, wohin deine Lebensenergie und Lebenszeit fließt, wo deine Schwerpunkte liegen, und welche Gebiete du vielleicht vernachlässigst oder sogar bisher ohne Energie lässt. Nimm es bewusst wahr und frage dich, ob du so lebst, wie du es wirklich willst. Wo erkennst du, ganz besonders unter dem Aspekt eines gerade beginnenden zweiten Lebens, Verbesserungsbedarf?

Wir werden mit diesem Bogen und den Stückchen später noch weiterarbeiten. Doch zunächst wenden wir uns nun einem weiteren hilfreichen Schlüssel zum Erkennen unserer eigenen Motive und Antriebe im Umgang miteinander zu. Ich möchte dich jetzt mit verschiedenen sogenannten Archetypen bekannt machen.

Majestät, wussten Sie schon, dass Sie ein Archetypus sind?

Vielleicht kennst du diesen Ansatz ja schon. In meinen Seminaren und Beratungen stelle ich jedoch immer wieder fest, wie wenige von uns damit vertraut sind, obwohl dies ein hervorragendes Wissen zur Bewältigung des Lebens und zum Meistern der Lebensherausforderungen darstellt.

Doch zunächst einmal, was ist ein Archetypus? Als Archetyp oder Archetypus bezeichnet man ein Urbild oder eine Urform, ein Bild oder eine Form, die also ganz am Anfang, am Ursprung der Menschheit, geprägt wurde. Da der Begriff *Arche* seine Wurzeln bereits ganz früh in der Menschheitsgeschichte hat und gleichzeitig für eine Truhe oder Bundeslade steht, können wir die Archetypen mit einem uralten Fundus von menschlichen Typen gleichsetzen.

Der berühmte Psychologe C. G. Jung hat diesen Begriff für die Psychologie speziell geprägt. Für ihn stehen die Archetypen als ein vererbtes Rollen-Repertoire uns allen zur Verfügung. Dabei hat er die Auffassung entwickelt, dass die archetypischen Rollenbilder für uns in dem von ihm sogenannten kollektiven Unbewussten, einem uns allen zugänglichen übergeordneten geistigen Feld, gespeichert und weitergegeben werden. Wir greifen meist unbewusst, wie es der Name schon vermuten lässt, auf diese »Datenbank« des kollektiven Unbewussten zurück.

Faszinierend an den Rollen, also den Archetypen, ist, dass sie uns alle bekannt und vertraut sind. Wir kennen sie einfach. Und wir wissen auch, wie sie sich untereinander und zueinander bewegen und verhalten. Dies kommt daher, dass die Archetypen auf Ur-Erfahrungen der Menschheit beruhen. Das sind die prägenden Erfahrungen, die wir alle machen, wie Geburt und Tod, Kindheit und Elternschaft, Liebe und Bindung und so weiter.

Nachfolger Jungs haben diese Typen erweitert, indem sie beispielsweise auch Lebenshaltungen, Lebensausdruck und Zielsetzungen einbezogen. So entstanden Typen wie der Krieger und Beschützer und auf der weiblichen Seite die Amazone, die Kriegerin; der Suchende und die Sucherin, der Künstler und Liebhaber, die Muse und Geliebte, und natürlich König und Königin, Prinz und Prinzessin.

Die Archetypen verkörpern Bilder von sehr starker Symbolkraft. Archetypische Symbole lösen in uns ganze Serien von Gefühlen und Bildern, wir können sagen, richtige Filme, aus. Das kommt daher, dass uns die Geschichten dieser Archetypen durch die ganze Menschheitsgeschichte in Form von Märchen, Mythen und Sagen, in Religionen und der Astrologie, in Dichtungen und Liedern, in Träumen und Gemälden begleiten. C. G. Jung und seine Nachfolger haben als Bezugspunkte und um den Archetypen allgemein gültige Namen geben zu können, viele Götter und Göttinnen der klassischen Altertumssagen verwendet. So stehen Zeus, Hera, Aphrodite und die anderen Bewohner des Olymp für die Rollen, die wir bis heute miteinander leben und agieren lassen.

Faszinierend dabei ist, dass sämtliche Sagen, Mythen und Legenden rund um den Globus in allen Kulturen ähnliche Archetypen haben. Sie mögen andere Namen haben und aus anderen Zeiten stammen, aber sie verkörpern dieselben Rollenmuster. Sie waren schon immer da. Wir geben sie in unserem kulturellen Erbe weiter. Deshalb haben sie diese Kraft der Lebendigkeit. Wir leben mit ihnen, durch sie und entwickeln sie weiter.

Es gab zum Beispiel für Frauen schon immer den mütterlichen Archetypus. Die griechische Göttin hierfür ist

Demeter. Zu dieser Gruppe gehört auch der Archetyp der Mutter Courage. Die archetypische weibliche Kriegerin, im Altertum die Göttin Athene, war in der Geschichte, nach dem die Gesellschaftsformen patriarchalisch wurden, zurückgedrängt worden. Johanna von Orleans war in ihrer Zeit eine seltene und auffällige Erscheinung. Heute gibt es den Typ der Karrierefrau, die am meisten von der Kriegerin in sich trägt.

Wir tragen die Archetypen mit uns weiter. Sie sind ein Teil von uns. Wenn dir zum Beispiel ein Roman, ein Film oder ein Theaterstück besonders eingängig, fließend und verständlich erscheint, kannst du davon ausgehen, dass der Autor oder die Autorin die handelnden Personen archetypisch gestaltet hat. Du merkst das daran, dass du mit der einen oder mehreren Rollen in spürbare, also eine gefühlte Resonanz gehst. Das macht den Erfolg von echten Kassenknüllern aus.

Ein berühmtes Beispiel hierfür sind auch die erfolgreichen Filme der »Star Wars«-Reihe von George Lucas. Hier haben wir es mit lauter künstlich geschaffenen Gestalten zu tun, die noch dazu aus verschiedenen Galaxien stammen. Jung'sche Analytiker, also Psychologen, die der tiefenpsychologischen Schule von C. G. Jung angehören, haben diese Typen gestaltet. Aus diesen Archetypen ergaben sich viele Handlungsmuster. So haben sie dann die guten Seiten der Archetypen und deren Schattenseiten in der Handlung konsequent aufeinandertreffen lassen und daraus eine Geschichte gemacht, die Generationen übergreifend eingängig, verständlich und mitreißend ankommt. Ein vorher absehbarer, geplanter Erfolg. Und dies sechs lange Kinofilme hindurch!

Wir alle haben also dieses Wissen über den Fundus an Rollen in uns. Wir kommen damit auf die Welt. Je nach unserer Geburts- und Lebenssituation bevorzugen wir dann aus diesem Fundus einige Rollen, oft ein bis zwei ganz besonders, und bauen diese im Laufe unseres Lebens immer mehr aus. Eine Schwierigkeit dabei besteht darin, dass einige dieser Rollen von der Gesellschaft positiv anerkannt werden, während andere nur unter bestimmten Umständen akzeptiert und gebilligt werden.

Der Archetypus der verführerischen Weiblichkeit, auf dem Olymp von Aphrodite verkörpert, wird nur bei einer jungen Frau kurz vor der Verheiratung gut geheißen, oder eben im professionellen Halbwelt-Milieu. Als verheiratete Frau oder gar als Mutter – gesellschaftlich undenkbar! Außerdem »beweisen« genügend Spielfilme, dass verheiratete Frauen, die diesen Archetypus leben, damit unweigerlich sich, ihre Beziehung und ihre Familien ins Desaster stoßen.

Ebenso bei den Männern der physisch aggressive Typ des Kriegers, bei den alten Griechen der Kriegsgott Ares. Nur im tatsächlichen Krieg wird er als Held gefeiert. In manchen sportlichen Arenen kann er auch in Friedenszeiten anerkannt werden. Doch sonst wird er als Schläger und Trouble-Maker verurteilt. Dabei ist er, nebenbei bemerkt, ein wunderbarer Tänzer. Aus den genannten Gründen werden die nicht anerkannten Archetypen häufig von uns unterdrückt. Was übrigens nicht immer hundertprozentig gelingt.

Die von uns unbewusst gewählten Rollen stehen uns zur Verfügung wie ein Mantel und werden uns manchmal im Laufe der Zeit dabei so vertraut, dass wir beginnen zu glauben, diese Rolle wären wir selbst. Doch du kannst dir das so vorstellen, als gäbe es Rollen in einem Stück und du selbst wärst die Regisseurin dieses Stückes. Damit bist du den Rollen übergeordnet. Du wählst aus, wann hier jeweils wer die Bühne (deines Lebens) betritt und dort agiert.

Natürlich wäre es dabei besonders gut, wenn du nicht nur deine zwei bis drei schon dein Leben lang bevorzugten Rollen beziehungsweise Archetypen auf die Bühne kommen lassen würdest. In dir schlummert ja immer noch der gesamte Fundus. Dir stehen also weitaus mehr Facetten deiner Persönlichkeit zur Verfügung. Doch in den meisten Fällen lassen wir im Verlauf unseres Lebens einige dieser Facetten im Dornröschenschlaf liegen. So kann es sein, dass andere um uns herum oftmals nur einen Teil unserer Persönlichkeit kennen. Manchmal gibt es allerdings auch Menschen in unserem Umfeld, die unser gesamtes Potenzial sehen können.

Ist es nicht schade, wenn wir uns mit wenigen, sehr früh in unserem Leben festgelegten archetypischen Facetten ein Leben lang begnügen, anstatt unser Repertoire in seiner Fülle voll auszukosten? Im besten Fall hast du das Drehbuch immer in der Hand und bestimmst von Szene zu Szene, welche Rolle dafür am besten in Führung geht.

Nach dieser längeren und etwas abstrakten Einführung lass uns nun konkreter werden. Ich werde dir hier nicht etwa eine komplexe, tiefenpsychologische Archetypenlehre anbieten. Vielmehr geht es mir darum, dich mit den verschiedenen, vielfach in dir schlummernden weiteren archetypischen Facetten deiner Persönlichkeit bekannt zu machen. Sie geben dir faszinierende Möglichkeiten für dein neues zweites Leben. Die Chance liegt darin, diese längst vorhandenen Anteile in deine gelebte Persönlichkeit bewusst zu integrieren. Also keine Veränderung im üblichen Sinne, sondern eine Hinzunahme, um deine Persönlichkeit facettenreicher, interessanter und runder zu entwickeln.

Mit den Archetypen der Königin und der Prinzessin habe ich dich gleich am Anfang ein wenig bekannt gemacht. Wahrscheinlich konntest du schon beim Lesen spüren, inwieweit du mit beiden archetypischen Symbolen in Resonanz gehen konntest. Vielleicht war dir auch eine von beiden »sympathischer«. Beide Frauen sind starke archetypische Bilder. Sie gehören zu einer verständlichen und überschaubaren Basis-Archetypen-Typologie, bestehend aus nur vier Typen.

Königin, Magierin, Künstlerin und Kriegerin

Da ist zum einen die bekannte Königin, sie ist die Herrscherin. Als zweiten Typ haben wir die Magierin, die verbindende Mittlerin. Die Muse, die gleichzeitig die Geliebte und auch die Künstlerin verkörpert, ist der dritte Typ. Und dann die bereits erwähnte Kriegerin. Sie ist die Kämpferin und Beschützerin.

Die Königin steht für Visionskraft und Klugheit, Gerechtigkeit und Ausgleich. Die Prinzessin ist der junge Aspekt der Königin, die Königin in der Lehre. Ihr Potenzial ist vorhanden, aber es ist noch nicht klar, ob sie es auch anwenden und zum Ausdruck bringen wird. Sie kann ebenso gut eine verantwortungslose bis launische Prinzessin bleiben. Auch diese Seite hat ihre Anhängerinnen, wie das Phänomen der Hotel-Prinzessin Paris Hilton deutlich zeigt.

Natürlich hat auch die Königin durchaus eine negative Schattenseite, die ausgelebt wird, wenn sie einfach nur ihre Macht und Dominanz missbraucht, herrschsüchtig und taub für jede Form von Rat und Kritik ist. Zum großen Potenzial der guten Königin dagegen gehört es, dass sie die positiven Aspekte der drei anderen Archetypen mit integriert. Dies zeichnet nur die Königin aus.

Wenden wir uns nun dem positiven Aspekt der Magierin zu. In ihrer besten Ausprägung verkörpert sie die weise Frau. Oft wird die weise Frau als alte Greisin, wie eine Art gute Hexe, dargestellt. Tatsächlich haben in der Geschichte die weisen Frauen in der Zeit der Inquisition und der Hexenverbrennung fast die Ausrottung erleben müssen. Danach ist dieser Archetyp durch das jahrhundertelange schlechte Image und die tief eingeprägte Angst nicht wieder wirklich positiv als neues symbolisches Bild in Erscheinung getreten. Dabei verkörpern viele Frauen die Magierin.

Sie verfügt über dieses umfassende, nicht immer greifbare universelle Wissen, ihre ausgeprägte Intuition, und erschließt damit Ebenen und Zusammenhänge, die den meisten anderen Menschen nicht so ohne Weiteres zugänglich sind. Sie hört, fühlt und erkennt einfach mehr und sieht weiter, als der Handlungshorizont der meisten anderen geht.

Dies kann im Alltag und im Geschäftsleben dazu führen, dass sie Situationen schneller erfasst, nötige Schritte früher erkennt und darüber hinaus oft noch über ein ausgeprägtes Netzwerk an Möglichkeiten und Kontakten verfügt, die ihr helfen. So schaltet und waltet sie, berät und vermittelt, wird so zum entscheidenden Knotenpunkt vieler Handlungsstränge, oftmals ohne direkt Hand anzulegen. Manchmal wirkt sie auch im Hintergrund als Therapeutin oder Beraterin, Autorin oder Redakteurin, als gute Zuhörerin und oft auch als Lehrerin. Das Vermitteln ist ihre Stärke. Sie kennt scheinbar immer alle nötigen Zutaten und bringt sie zu einem besseren Neuen zusammen.

Ihr negativer Aspekt tritt dann zu Tage, wenn sie aus ihrem Wissen und ihrer Stärke ein Machtinstrument macht. Sobald sie auf diese Weise Abhängigkeiten schafft und andere damit zu beherrschen versucht, verliert sie ihre positive Kraft.

Die Muse, Geliebte und Künstlerin zu beschreiben, ist ein wenig komplizierter, weil schon ihre Bezeichnung manchmal irreführend sein kann. Bei den Begriffen Muse und Geliebte bietet selbst der Duden als Synonym bis heute den Begriff des Betthäschens an. In diesem Zusammenhang bekommt sogar die Künstlerin ein wenig Verruchtes, aber leider nichts Schöngeistiges. Doch genau darum geht es.

Am besten trifft es vielleicht noch der Ausdruck Liebhaberin, der mir aber bisher nur in Österreich gebräuchlich erscheint. Dort umfasst er sowohl den sinnlichen Aspekt der Erotik als auch gleichzeitig den sinnlichen Aspekt von Liebe zur Kunst, Kultur und Schönheit. Das drückt die Inspirationskraft und Liebesfähigkeit dieses Archetypus aus. Hier finden wir auch oft eine fast kindliche Lebensfreude.

Leider hat dieser Archetypus es sowohl in seiner weiblichen als auch in seiner männlichen Ausprägung in unserer Gesellschaft ziemlich schwer. Da die Kunst zumeist das Attribut der Brotlosigkeit hat und in unserer Gesellschaft Geld und Macht und Wirtschaft ein anderes und wie es scheint das wesentliche Spiel beherrschen, fristen Kunst und Kultur ein Extra-Dasein am Rande der Gesellschaft. Wir integrieren leider die Künste, das Bewusstsein für Schönheit und Ästhetik und vor allem die Inspirationskraft dieser Elemente nicht mehr so wie früher und wie auch heute noch in anderen Kulturen in unsere normalen Lebensabläufe.

Doch dass der dazugehörige Archetypus zu unserem Leben dazugehört, zeigen die Stars und Sternchen der Musik- und Filmwelt. Hier treffen Kommerz und Kunst offensichtlich aufeinander, und dann kommt es zu einem manchmal nicht nachvollziehbaren Star-Rummel und horrenden Gagen, die mir dann wie Ablasszahlungen an die vernachlässigten Götter der Kunst erscheinen. Bei vielen Stars der Film- und besonders der Musikbranche können wir den negativen Aspekt dieses Archetypus beobachten. Wenn sich die Künstlerin oder Liebhaberin in ihrer für ihre Kreativität oft notwendigen Strukturlosigkeit verliert, verliert sie auch oft ihre Kraft. Drogen und Exzesse können einen Kick in diese Richtung geben, ersetzen diese Kraft aber nicht, sondern zerstören sie auf die Dauer.

Beeindruckend zeigt sich unser gesellschaftlich gestörtes Verhältnis zu diesem Archetypus darin, dass wir diese prominenten Künstler auch dann noch, wenn sie total abstürzen, neugierig beobachten und häufig weiter hofieren. Wir delegieren unsere verdrängten Aspekte und lassen sie andere, sowohl in ihrer guten Ausprägung als auch in ihrer Schattenseite, leben. Wenn jedoch unsere Kinder in Strukturlosigkeit und Drogenexzessen versinken, sind wir voller Entsetzen, Verständnislosigkeit und wollen die sogenannte Normalität schnellstmöglich wiederherstellen.

Die Kriegerin ist eine Kämpferin und oft auch eine Beschützerin. Sie braucht den Kampf, ist mutig und tapfer Doch will sie immer siegen? Nein, sie möchte nicht verlieren. Sie kämpft für ihr Überleben und für das Überleben der ihr anvertrauten Menschen. Verlieren bedeutet hierbei für sie schmerzhaftes Versagen. Wenn die Existenz und die Rechte für sie selbst und die Menschen, die ihr wichtig sind, gesichert sind, kommt eine weitere Ebene der Kriegerin durch. Sie kämpft für Ideale, die Ideale ihrer Gruppe und im archetypisch bildlichen Sinn die Ideale ihrer Königin.

Wie ich schon erwähnte, ist die moderne Kriegerin heute eine erfolgreiche Karrierefrau. Sie setzt ihre Fähigkeiten vielleicht als Strategin und Managerin in einem Unternehmen ein. Dann ist das Unternehmen ihre Königin. Sie kann ebenso gut in einer Organisation für die Durchsetzung von deren Zielen kämpfen. Die Greenpeace-Aktivistin, aber auch eine Frau im Betriebsrat oder eine Elternsprecherin sind gute Beispiele dafür. Vielleicht aber kämpft sie auch täglich als Mutter und Berufstätige mit an der Alltagsfront für das Überleben ihrer Familie.

Die Kriegerin ist auch die Freundin, zu der wir gehen, wenn wir aktive Hilfe brauchen. Im Gegensatz zur Magierin, die uns wunderbar zuhören kann und uns vielleicht auch durch ihren Rat auf unserem Weg weiterhilft, packt die Kriegerin für uns an, wenn wir einmal die Flügel hängen lassen. Sie verteidigt und beschützt uns auch, wenn wir uns bedroht fühlen und sie um Hilfe bitten.

Oft hegt sie einen tief sitzenden Groll gegen die Männer im Allgemeinen – und manchmal auch erfrischend unterstützend, wenn wir es denn brauchen, gegen einen Mann im Speziellen. Wehe, wenn ihre Ideale angegriffen werden! Dann ist ihre ganze Kraft in ihrer vollen Wirksamkeit spürbar.

Die dunkle und traurige Seite der Kriegerin kommt zum Vorschein, wenn die Kriegerin keine Ideale und Ziele hat, für die sie kämpfen kann. Sie braucht diese als Führung. Genauso schlecht ist es für sie, wenn ihre Königin, also ihre Führung, ihr negative Ziele vorgibt und die Kriegerin damit missbraucht. So kann sie hart, rigide und verbissen werden. In extremen Fällen kann dies bis zur Grausamkeit gehen. Diese Haltungen kann sie gegen andere oder auch gegen sich selbst richten. Sie leidet dann unter verbissenem Kiefer und verspannten Muskeln. Sie bekommt etwas Unnahbares. Diese unfreiwillige Isolation ist für die Kriegerin, die sich eigentlich so gern für andere und eine bessere Welt einsetzt, zusätzlich schwer zu ertragen. Doch wie so oft, wenn wir uns in eine Richtung verrannt haben, scheint es nur ständige Bestätigungen für unsere Fehlannahmen zu geben. So ist die Kriegerin in ihrem Durchhaltewillen und Kampfgeist besonders prädestiniert, den einmal eingeschlagenen Weg auch gegen sich selbst fortzusetzen. Es kann sehr schwer sein, ihr von außen wieder dort herauszuhelfen.

Die gesunde und runde Königin

Nun hast du verschiedene Aspekte dieser vier Grund-Archetypen kennen gelernt. Für die Männer gilt übrigens die gleiche Typologie. Hier gibt es den König, den Krieger, ebenso den Magier und den Liebhaber. Doch lassen wir die Männer die Männer sein und kümmern uns um die weiblichen Aspekte.

Wenn du dir noch einmal die vier Typen verdeutlichst, wird es dir vielleicht bewusst, dass die Magierin und die Liebhaberin eher weiblich zu sein scheinen, während Königin und Kriegerin stärker männliche Aspekte verkörpern. Doch da spätestens seit C. G. Jung die Auffassung vertreten wird, dass wir alle sowohl männliche als auch weibliche Persönlichkeitsanteile in uns tragen, schaffen diese unterschiedlichen Aspekte eine gewisse Balance in unserer Persönlichkeit.

Spätestens im Alltag erfahren wir, dass uns sowohl weibliche, also mehr nach innen gerichtete Fähigkeiten, als auch männliche, also mehr nach außen fokussierte Kräfte, bei der Bewältigung des Lebens weiterbringen. Wir brauchen die positive Macht und die Klugheit der Königin und den Mut und guten Kampfgeist der Kriegerin. Wir brauchen auch die Klarsicht und Vernetztheit der Magierin und die Kreativität und Inspirationskraft der Liebhaberin. Alles zusammen gehört zu einer starken Persönlichkeit.

Wie ich zu Beginn schon bei der Königin erwähnte, ist sie gleichzeitig die Vollendung unserer Entwicklung und umfasst somit die anderen Archetypen. Dies bedeutet, dass die Kriegerin in ihr ihr zur Verfügung steht, wenn jemand oder etwas die Grenzen ihres Reiches angreift.

Das heißt auch, dass sie offen und empfänglich für die Einsichten und den Rat der Magierin in ihr ist. Aufgrund ihres Beitrags entscheidet die Königin dann jedoch völlig eigenständig. Die Königin genießt auch den Ausgleich, die

Entspannung und die Freude, die in der Kreativität der Künstlerin in ihr liegen. Alle diese Aspekte vereinigt die reife Königin in sich. Diese gesunde und strahlende Königin ist das archetypische Symbol für eine starke weibliche Persönlichkeit.

Es ist wichtig, sich das bewusst zu machen. Die wenigsten von uns werden automatisch zu einer gesunden strahlenden Königin. Wer verkörpert für dich in deinem Umfeld oder von den Frauen, die du kennst, diese Königin am besten? Es kann sehr hilfreich sein, dieses archetypische Bild mit einem konkreten Vorbild zu besetzen. So ein Leitbild kann dein Bewusstsein sehr stärken.

So begegnete ich vor Jahren der Biografie von Françoise Gilot. Sie war als junge Malerin Picasso begegnet, wurde seine Geliebte und bekam zwei Kinder von ihm. Sie hatten fast zehn Jahre lang eine sehr intensive Beziehung. Dann trennte sie sich von ihm. Sie bewies in ihrem weiteren Leben eindrucksvoll ihre Fähigkeiten als Malerin, Autorin und faszinierende Frau. In der Mitte ihres Lebens traf und heiratete sie den Nobelpreisträger Jonas Salk. Er hatte den Impfstoff gegen Kinderlähmung entwickelt. Es war wiederum eine große und starke Liebe zwischen zwei kraftvollen Persönlichkeiten. Sie waren bis zu seinem Tod über 25 Jahre zusammen. Doch auch danach setzte Françoise Gilot ihr künstlerisches Schaffen fort. Ihre Vitalität und Ausstrahlung haben mich immer beeindruckt und inspiriert. Obwohl ich sie nie persönlich getroffen habe und mit Sicherheit natürlich viele persönliche Details nicht kenne, hat sie für mich in allen diesen Jahren die kraftvolle Entwicklung einer starken Frau zu einer archetypischen Königin verkörpert.

Finde für deine Inspiration deine archetypische Königin. Sie kann auch eine Romanfigur oder die Protagonistin in einem Film sein. Genieße das Suchen und Finden! Du entdeckst dabei viel von dir selbst. Entscheidend für deine

Wahl sollte dabei dein Gefühl sein, nicht in erster Linie dein Kopf.

Die Übung zu den Archetypen und den Lebensbereichen, Teil 3

Stell dir in einem ruhigen Moment die folgenden Fragen: Welcher Archetyp von den vier Aspekten spricht dich am meisten an? Welcher am wenigsten? Genau in diesem liegt deine Aufgabe, deine Herausforderung. Frage dich: Wie kannst du mehr von der Energie dieses »vernachlässigten« Archetypus in dein Leben bringen? Das Ziel ist die Balance!

Eine harmonisch ausbalancierte Persönlichkeit.

Erinnere dich daran, die Königin ist das Ziel der Entwicklung. Sie vereinigt in sich alle anderen Aspekte in einem harmonischen Gleichgewicht. Falls du in den einen oder anderen Aspekt für diese Balance mehr Energie hineingeben willst, solltest du dies mit in deine Lebensbereiche einbringen. Damit sind wir bei der Fortführung der Übung mit dem großen Bogen Papier, auf dem deine Lebensbereiche als Inseln schon sichtbar geworden sind.

Gibt es etwas Neues hinzuzufügen? Dann tu es!

Du hattest ja die Verteilung der 150 Stückchen dokumentiert. Im nächsten Schritt nimmst du nun alle 150 Stückchen wieder von diesem Lebensbogen herunter. Jetzt geht es darum, sie erneut zu verteilen, aber diesmal so, wie du es dir ab jetzt für deine Zukunft wünschst.

Dieses Mal ist es noch wichtiger, dass du die Stückchen einfach und frei aus dem Bauch heraus verteilst. Es geht hier nicht darum, irgendwelchen Bedenken, dass dies und das aus diesen und jenen Gründen wahrscheinlich oder sicher nicht funktionieren wird, nachzugehen. Es geht hier einzig und allein um das, was du dir ganz frei wünschen kannst und sollst. Auch dieses Mal empfehle ich dir dazu eine schöne und inspirierende Musik und Zeit und Raum, um das Ganze wiederum liegen und »weiter arbeiten« lassen zu können.

Wenn das Ergebnis für dich stimmig ist, zähle wiederum die Stückchen und vergleiche die Ergebnisse der beiden Durchgänge miteinander. Ist der Unterschied recht groß, dann gibt es Handlungsbedarf in deinem Leben. Mache ihn dir einfach ohne Druck bewusst. Wir werden später auch mit diesen Ergebnissen weiterarbeiten.

Die archetypischen Prägungen der Prinzessin durch ihre Familie

In unserer Entwicklung in den ersten 50 Jahren unseres Lebens sind wir meistens keine wirkliche Königin. Zumindest kaum durchgängig. Wir werden erst zur Königin – im günstigsten Fall! Die Königin schlummert in uns allen in ihrem Dornröschenschlaf als Potenzial.

Mit Sicherheit erleben wir uns in diesen Jahren als Prinzessin, so wie wir auch die anderen Archetypen durchleben. Doch je nach Lebenssituation und Umfeld fixieren wir uns dann meist auf einen oder vielleicht zwei dieser Typen. So agieren wir, werden wir wahrgenommen und auch wiederum behandelt. Obwohl verschiedene Situationen, wie der Beginn einer Liebe, die Geburt eines Kindes, der Einstieg in berufliche Positionen, uns auch andere archetypische Aspekte erleben lassen, finden wir dann meist im Alltag wieder in unsere vertraute Rolle zurück. Dadurch werden wir leider etwas einspurig in unserem Ausdruck, in unserem Erleben und unserer Entwicklung. So entgeht uns vieles.

Die archetypischen Prägungen der Prinzessin durch ihre Familie

Einen Geschmack dazu, wie es ist, bewusst einmal in andere Rollen zu schlüpfen, bekommen wir ja von Zeit zu Zeit, wenn wir uns für den Karneval oder einen Maskenball verkleiden und auch wenn wir uns für eine Hochzeit oder eine große Abendveranstaltung »in (eine andere) Schale werfen«.

Durch das Annehmen einer anderen Rolle in der Form einer Verkleidung empfinden wir uns sofort auch anders. Wir schreiten, gestikulieren, halten den Kopf anders. Eine andere bewegt sich für uns. Oftmals sprechen wir sogar anders. Es ist doch faszinierend, wie viel Spaß wir an so einem Rollenwechsel haben können. Der Wechsel von Arbeitskleidung zu Freizeitkleidung und auch zu Sportkleidung wirkt ähnlich, wird von uns aber wegen der Routine kaum noch wahrgenommen.

Ich möchte dich jetzt noch etwas tiefer in diese Welt der Archetypen hineinführen. Da wir uns bei den vier Grund-Archetypen zunächst auf ihre Herangehensweise an das Leben konzentriert haben, schauen wir jetzt einmal auf die archetypischen Strukturen, die wir gleich zu Beginn unseres Lebens durch unsere Positionierung in der Familie einnehmen. Sie prägen uns nachhaltig.

Die Bedeutung dieses Abschnitt möchte ich dir gerne durch die nachfolgende Übung näher bringen.

Du selbst als Kind

Such dir aus deinen Fotoalben oder den Fotoschachteln (oder wo auch immer du Bilder aus deiner Kindheit aufbewahrst) ein Bild heraus, das dich möglichst allein im Alter zwischen neun und 14 Jahren zeigt. Am besten ist es, wenn du ein Foto findest, bei dem du in die Kamera schaust. So kannst du dem Mädchen, das du vor etwa 40 Jahren warst, jetzt in die Augen schauen! Nimm einmal Kontakt zu ihr auf, sie weiß so vieles von dir!

Lass das Bild neben dir liegen und schau sie von Zeit zu Zeit während der folgenden Abschnitte an. Sei offen für ihr Wissen und öffne dich für deine Gefühle.

Wenn wir als kleines Mädchen in eine Familie hineingeboren werden, entdecken wir drei entscheidende weibliche Erfahrungsebenen für uns:
- die Ebene der **Tochter** (hier können neben uns auch eine oder mehrere Schwestern sein)
- die Ebene der **Mutter** (dies kann manchmal auch eine Großmutter oder eine große, erheblich ältere Schwester sein, die für uns die Position der Mutter einnimmt)
- die Ebene der **Ehefrau** (wo wir unsere Mutter als Frau unseres Vaters oder ihres Lebenspartners erleben)

Für die Klarheit und Verständlichkeit möchte ich bei der einfachen Standardfamilie bleiben, die ja in den meisten Fällen in unserer Generation in der Kindheit auch so vorhanden war. Also Vater, Mutter und Kind oder Kinder als unsere frühesten Orientierungspunkte in der Familie.

Wir werden als Tochter einer Mutter geboren und nehmen zunächst uns beide auch nach der Geburt noch eine ganze Zeit lang als Einheit wahr. Mit zunehmender Entwicklung realisieren wir erst, dass unsere Mutter und wir selbst zwei getrennte Personen sind. Vielleicht erleben wir unsere Mutter auch als die Mutter unserer Geschwister. Später beobachten wir dann unsere Mutter im Verhältnis zu unserem Vater, also als Ehefrau. Dies sind die drei Hauptrollen Tochter, Mutter und Ehefrau, die unsere weiblichen Rollenbilder prägen. Natürlich gibt es darüber hinaus in einer Familie häufig auch eine Großmutter, die aber auch wieder eine Ehefrau und Mutter ist. Dies gilt auch für Tanten. Sie haben deswegen keine Bedeutung in diesem Zusammenhang.

Die archetypischen Prägungen der Prinzessin durch ihre Familie 91

Wichtig bei der Prägung unserer Rollenbilder ist, wie die Beziehungen untereinander gelebt werden und welche Qualitäten sie bestimmen. Hier wird schon früh festgelegt, wie wir ein Leben lang uns selbst sehen und präsentieren und wie wir unsere Beziehungen erleben. Wenn nämlich unsere Mutter eine sehr mütterliche Haltung uns gegenüber hatte, führt dies oft zu einer sehr festen Mutter-Tochter-Bindung. Als Muttertochter genießen wir dann ihren Schutz, ihre mütterliche Wärme und ihre Fürsorge, haben aber oft Probleme damit, uns später, wenn wir selbst erwachsen sind, aus dieser Tochterhaltung zu lösen und eigenständig zu werden. Die endgültige Abnabelung wird so für die Mutter und auch die Tochter erschwert.

Es ist nicht leicht für eine Vollblut-Mutter, sich selbst ab einem gewissen Alter der Kinder von diesen zu lösen. Dies ist eine der Herausforderungen für alle leidenschaftlichen Mütter. Es ist gut und natürlich, wie wir es in der Natur auch sehen, dass die Mutter die Nabelschnur zu ihrem Kind durchbeißt. Es ist dies nicht die Aufgabe des Kindes. Wenn wir dieses Bild von den natürlichen Entbindungen bei den Säugetieren einmal auf unsere Situation übertragen, gilt dies ebenso. Ich möchte hier nicht das etwas brutalere Bild der Vogelmutter heranziehen, die ihre Kinder in einem gewissen Alter aus dem Nest schubst. Da kommen bei uns schnell Assoziationen zur sogenannten Rabenmutter auf.

Doch damit bin ich gleich bei einem weiteren Mutteraspekt: Wenn die Mutter uns gegenüber eher schwesterlich, also gleichberechtigt-freundschaftlich auftritt oder aber viel beschäftigt ist und uns eher kühl erscheint oder es auch ist, sind wir dadurch sehr oft schon früh viel eigenständiger und, wenn möglich, unserem Vater gefühlsmäßig näher. So können wir auch zu einer sogenannten Vatertochter werden. Dies kann dazu führen, dass wir auch als erwachsene Frau noch immer die Anerkennung und Liebe unseres Vaters suchen, wenn wir uns nicht in späteren

Jahren wiederum aus dieser Tochter-Vater-Bindung lösen.

Vatertöchter bemühen sich zum einen oft, Außergewöhnliches zu leisten, um ihrem vielleicht leistungsorientierten Vater zu imponieren. Aber Vatertöchter suchen sich auch oftmals einen schwächeren, nachgiebigen Partner, damit kein Mann ihre weiterhin starke Bindung zum Vater stört. Vatertöchter haben leider häufig ein Leben lang ein gestörtes Verhältnis zu ihrer Mutter, was darin liegt, dass sie sich mit ihrer Mutter in einem Konkurrenzverhältnis um die Liebe des Mannes/Vaters befanden beziehungsweise befinden. Der Vater ist nun einmal auch der erste Mann im Leben eines Mädchens. So entsteht hier in dem Dreieck Vater-Mutter-Tochter ein Spannungsverhältnis. Diese unbewusste Ablehnung der Mutter durch die Tochter kann dann auch negative Auswirkungen auf das Annehmen der eigenen Weiblichkeit für die Tochter haben.

Je nach Art der Beziehung der Eltern gleicht die Tochter eventuelle Defizite der elterlichen Beziehung aus oder erzeugt weitere Spannungen im System. Die gesündeste Variante ist natürlich, wenn Mutter und Vater eine harmonische Liebesbeziehung leben und sie beide auch zu ihrem Kind eine liebevolle Beziehung aus der unterstützenden und schützenden Elternposition heraus aufbauen. Wenn die Tochter so eine elterliche Liebesbeziehung erlebt, bekommt sie einen sehr schönen Aspekt der Ehefrauen-Rolle mit auf ihren Lebensweg.

Doch dieses Ideal ist eher selten. In den meisten Fällen ist die Tochter entweder mehr mit der Mutter oder mehr mit dem Vater verbunden. Dadurch verliert das Dreiecksverhältnis leicht seine Balance. So kann die Mutter auf ihre eigene Tochter eifersüchtig sein, während die Tochter eben die »bessere, kleine Frau« des Vaters ist. Genauso gut kann sich der Vater ausgeschlossen und nicht genügend geachtet fühlen, während die Mutter ein tiefes weib-

Die archetypischen Prägungen der Prinzessin durch ihre Familie 93

liches Vertrauen mit ihrer Tochter teilt und sich dabei vielleicht das eine oder andere Mal auch bei ihr über ihren Mann, gleichzeitig Vater der Tochter, beschwert.

Je nachdem wie ausgeprägt, wie lange anhaltend und in welche Situationen eingebettet diese Abläufe stattfinden, entwickeln wir als Tochter daraus unseren familiären Archetypus. Es kommt darauf an, mit welcher Rolle wir uns in unserer Kindheit am meisten identifizieren. Dabei sind die folgenden Erfahrungswerte, die jeweils zwei Pole haben, bedeutsam:

Bindung	oder	Distanz
Dominanz	oder	Unterordnung
Sicherheit	oder	Freiheit
Abhängigkeit	oder	Unabhängigkeit

Wir haben in den prägenden Beziehungen unserer Kindheit jeweils eine Seite dieser Polaritäten erlebt. Was aber bedeutet dies für uns heute in unserem Alter? Nun, vielleicht hast du ja schon beim Lesen gespürt, dass die eine oder andere Position eine gewisse Resonanz in dir wachruft. Du warst sowohl Tochter einer Mutter und eines Vaters und ebenso warst du später wahrscheinlich auch selber Ehefrau und Mutter. Du kennst diese Rollen und deren Beziehungen und damit das ganze Repertoire.

Entscheidend ist, dass du erkennst, dass bestimmte Grundmuster in deinem Verhalten als Tochter, als Mutter und auch als Partnerin eines Mannes in deiner frühen Kindheit als archetypische Programme in dir angelegt worden sind. Wenn du deine Bindungen zu Mutter und Vater für dich anschaust und genau betrachtest, kannst du sehr viel für dich klären und erweitern. So wächst du aus deinen alten Schuhen heraus.

Wenn du dich mit der Rolle der Tochter identifiziert hast, besteht die Möglichkeit, dass du eine »ewige Tochter« und damit eine »ewige Prinzessin« bleibst. Vielleicht warst du Papis süße kleine Prinzessin. Für dich war dein Papi dein König! Aber er war immer der Mann einer anderen Frau, nämlich deiner Mutter. Und wenn er später vielleicht deine Mutter verlassen hat oder sie sich von ihm getrennt hat, hat er damit auch dich verlassen und sich eventuell sogar einer anderen Frau, seiner neuen Königin, zugewandt. Doppelt schlimm für dich!

So hast du wahrscheinlich als junge Prinzessin nachgiebige Männer gewählt, die dein Verhältnis zu deinem Vater-König nicht verändert haben. Heute, nachdem dein Vater vielleicht nicht mehr am Leben ist, kann es sein, dass du Beziehungen zu verheirateten Männern hast. Als vielleicht heimliche Geliebte eines verheirateten Mannes lebst du dasselbe Muster wieder aus. Ich will hier nicht moralisieren. Wahrscheinlich verliebt sich jede Frau in ihrem Leben irgendwann auch einmal in einen Mann, der gebunden ist. Manchmal entsteht daraus auch eine Beziehung. Liebe folgt nicht immer den bürgerlichen Regeln. Deswegen kann für dich so eine Liebesbeziehung vollkommen in Ordnung sein. Frage dich nur, wie du heute deine Beziehung aus der Perspektive der Königin sehen wirst.

Warst du Mamas Prinzessin, dann wäre es möglich, dass du eine verwöhnte und etwas launische (erwachsene) Prinzessin geworden bist. Launen sind vielleicht bei einer Prinzessin noch kapriziös, aber wie wirkt eine launische Königin?

Wenn du dich mit der Rolle der Mutter identifiziert hast, warst du wahrscheinlich früher als die anderen eine Königin in einem Reich mit kleinen Untertanen, deinen Kindern. Für dich liegt die Herausforderung der Lebensmitte darin, dir ein neues Reich als Königin, ein neues Wirkungsfeld für deine Fähigkeiten aufzubauen, weil deine Kinder inzwischen aus dem Kindesalter herausgewachsen sind. Du bist eine Frau, die viel zu geben hat. Welchen Menschen, welchen Aufgaben wendest du dich nun zu? Auch deine Partnerschaft hat sich im Laufe der Jahre durch dein intensives Muttersein verändert und ist nun vielleicht ebenso ein Teil deiner Herausforderung.

Lag deine Hauptorientierung auf der Rolle der Ehefrau, dann hast du wahrscheinlich in all diesen Jahren deine Kraft und Perfektion in die Schaffung eines positiven Familienbildes gesteckt. Du hast dafür gesorgt, dass deine Familie nach außen immer gut dagestanden hat. Dafür hast du vieles im Inneren der Familie abgefangen und geregelt. So hast du schon frühzeitig das Bild einer jungen Königin nach außen gezeigt. Doch die perfekte Ehefrau gestattet sich oft nicht, ihre eigenen Träume und Sehnsüchte anzunehmen, geschweige denn auszuleben. Jung sein, neugierig, gefühlvoll und manchmal undiszipliniert, erotisch und verwegen ... alles das und vieles mehr passt nicht so ohne Weiteres zum Archetyp der guten Ehefrau. Im zweiten Leben ist nun vielleicht der Raum für die unterdrückten Persönlichkeitsanteile, für die weiche Seite und ein paar mutige Ideen!

Wenn du als Kind sehr unabhängig und frei warst, dann warst du vielleicht eine kleine wilde Prinzessin. Hier kann die Herausforderung der Lebensmitte für dich darin bestehen, dich bewusst und mit Hingabe auf deine weiblichen Seiten einzulassen. Nur so wirst du deine Persönlichkeit abrunden können und hast die Chance, statt einer wilden Königin eine weise Königin zu werden. Dann bist du wirklich unabhängig!

Ich habe dir jetzt einige Möglichkeiten aus Vergangenheit, Gegenwart und Zukunft beschrieben. Es sprengt den Rahmen dieses Buches, hier noch tiefer in diese äußerst komplexen Zusammenhänge einzusteigen, obwohl dies wirklich ein sehr spannendes Thema ist. Ich glaube allerdings auch nicht, dass dies für unseren Zusammenhang nötig ist. Die aufgezeigten Bilder können dich darin unterstützen, selbst zu erkennen, wo du dich durch frühe Prägungen in den vergangenen Jahrzehnten vielleicht etwas festgefahren hast.

Diese Programmierungen gestalten bis heute dein Familien- und Beziehungsleben, sofern du sie nicht bewusst erkennst und eventuell neue Aspekte in der Form anderer dir zur Verfügung stehender archetypischer Programme in deine Beziehungen integrierst. Das klingt vielleicht etwas theoretisch. Allein wenn du annehmen kannst, dass unser Verhalten auf geprägten Rollenmustern beruht, bist du einen gehörigen Schritt weiter. So bekommst du den nötigen Abstand zur Betrachtung deines Lebens.

Dann ist es wichtig, den Fokus nun in die Gegenwart und in die Zukunft zu richten. Jetzt ist die Fragestellung: Wie will ich von nun an leben? Welche nicht ausgelebten Teile schlummern in mir und verdienen es, aufgeweckt und erlebt zu werden? Welche Frau will ich in den nächsten Jahren sein?

Und wenn du dich dann auf die faszinierende, wirkliche Königin einlassen willst, dann sollte von nun an eine Frage für dich immer die entscheidende sein:

Was sagt die Königin dazu?

Eure Hoheit, jetzt wird gearbeitet!

> Deine Überzeugungen werden deine Gedanken.
> Deine Gedanken werden deine Worte.
> Deine Worte werden dein Handeln.
> Dein Handeln wird zu deinen Gewohnheiten.
> Deine Gewohnheiten werden zu deinen Werten.
> Deine Werte werden zu deiner Bestimmung.
> *Mahatma Gandhi*

Nun ist es endlich so weit! Jetzt steigen wir ein in die Planung der nächsten 50 Jahre deines Lebens. Die von Mahatma Gandhi geprägten Worte, die er einer Stelle im jüdischen Talmud nachempfunden hat, erscheinen mir hierfür als Einstimmung sehr geeignet. Wir benötigen jetzt die Ergebnisse der Aufgaben, die du bisher bearbeitet hast. Doch vor allen Dingen brauchen wir das Foto, das du herausgesucht hast, das Foto, das dich im Alter von 9 bis 14 Jahren zeigt. Bei der folgenden Übung ist es wichtig, dass du dir eine besonders schöne Musik als Hintergrund wählst, wenn möglich eine gefühlvolle Musik, die dich wirklich innerlich berührt.

Die Übung mit deinem Foto als Mädchen

Mach es dir an einem schönen und geschützten Platz gemütlich und dann schließ für einen Moment deine Augen, atme einige Male tief und entspannend durch. Lass mit deinem Bewusstsein die Außenwelt hinter dir und nimm bewusst Kontakt mit deiner inneren Welt auf.

Mach dich bereit für einen Dialog mit dem Mädchen auf dem Foto. Dazu öffne die Augen und nimm das Foto so in die Hand, dass ihr euch gegenseitig in die Augen schaut. Lass ein tiefes und ehrliches Gespräch entstehen. Öffne dich gefühlsmäßig ganz und gar für dieses Mädchen, geh eine Verbindung zu ihren Gefühlen, Wünschen und Hoffnungen ein. Mach dich bereit, ihr aufmerksam zuzuhören, wenn du sie jetzt nach ihren Gedanken, Wünschen, Sehnsüchten und Träumen für das vor ihr liegende Leben fragst.

Es geht nicht darum, dich zu rechtfertigen oder zu erklären, warum du das eine oder andere so oder anders gelebt hast, sondern es geht ausschließlich darum, was sie empfindet und was diese Empfindungen in dir auslösen. Wenn du dabei lachen musst oder Tränen in dir aufsteigen, ist das völlig in Ordnung und gehört dazu. Genieße die Tiefe des Gesprächs mit diesem Mädchen, das noch immer ein Teil von dir ist. Vielleicht hat sie auch Fragen an dich. Beantworte sie offen und ehrlich und ohne jede Zurückhaltung. So geben dir auch deine eigenen Antworten und Empfindungen Aufschluss über dich in deinem heutigen Leben und damit für deine Gegenwart und Zukunft.

Wenn du alles gefragt hast und empfindest, dass euer Gespräch abgeschlossen ist, bedanke dich liebevoll bei der Kleinen. Vielleicht kannst du ihr auch versichern, dass du dich ab jetzt besonders bewusst, lebendig und engagiert für euren gemeinsamen Lebenstraum und die euch verbindenden Lebensgefühle einsetzen wirst.

Bevor du das Mädchen wieder in ihre Zeit zurücklässt, verinnerliche noch einmal die Klugheit und Klarheit ihrer Informationen. Sie ist in ihrem Alter noch so direkt verbunden mit eurem Sein, den tatsächlichen Wünschen und Bedürfnissen eurer Identität. Erst in den Jahren danach entfernen wir uns mehr und mehr von unserem eigenen Kern und schlüpfen dabei in die vielen Identifikationen, die wir glauben, in diesem Leben ausfüllen zu müssen.

Lass die Musik noch ein wenig laufen und schreibe in dieser Stimmung alles auf, was du für dich als wichtig und berührend empfunden hast. Vielleicht gibst du dem Foto in der nächsten Zeit einen schönen Platz, um dich durch seinen Anblick an das Mädchen und eure gemeinsamen Lebensziele erinnern zu lassen.

Ich hoffe, dass du mehr Klarheit für dich gewonnen hast. Es kann aber auch gut sein, dass dich diese Übung zunächst sogar irritiert hat, weil du statt Antworten immer neue Fragen in dir entdeckt hast. Oder aber du fühlst in dir eine große Leere. In beiden Fällen könnte es deswegen am angebrachtesten erscheinen, so weiterzumachen wie bisher. Ist es nicht so? Tue es nicht. Ich empfehle dir stattdessen, die Situation zunächst einmal einfach so anzunehmen, wie sie ist. Egal, ob du Antworten hast oder nicht. Auch wenn aus jeder Antwort gleich zwei neue Fragen entstehen. Nimm deine Situation so an und gib dir selbst Zeit, Zeit in deiner Lebensroutine innezuhalten, Zeit für dich. Atme tief durch. Atme bewusst. Atme! Ich meine dies durchaus auch im physischen Sinn.

Eine kleine Atemübung

Wir atmen viel zu selten wirklich tief durch. Wenn du richtig atmen möchtest, dann nimm dir dafür einen Moment Zeit und atme, wenn möglich, tief durch die Nase ein. Spüre dabei, wie die Atemluft zuerst in deinen Unterbauch, dann in die Mitte deines Körpers, in die Flanken und am Ende bis in die oberen Lungenspitzen unter deinen Schlüsselbeinen strömt.

Dann halte einen Moment inne, zähle im Geist in etwa bis sieben, und dann atme, diesmal durch den

Mund, ebenso bewusst wieder aus, wie du eingeatmet hast. Auch hierbei zähle bis sieben. Am Ende der Ausatmung kannst du richtig spüren, wie die letzten Reste der Atemluft aus deinen Lungen herausgedrückt werden. Mach jetzt eine kleine Atempause, bei der du im Geist wieder bis etwa sieben zählst, bevor du dann erneut tief durch die Nase einatmest.

Wenn du diese bewusste Atmung von Zeit zu Zeit im Laufe des Tages für drei bis sieben tiefe Atemzüge machst, wirst du nach einiger Zeit bemerken, wie gut dir dies tut. Du wirst dadurch ausgeglichener und kannst viel schneller und besser aus einer Anspannung in eine entspanntere Haltung überwechseln. Besonders wohltuend und gesund ist es, wenn du diese Atmung am Abend vor dem Einschlafen praktizierst.

Vielleicht wird es für dich zu einer lieben und selbstverständlichen Gewohnheit, immer mal wieder so zu atmen wie in dieser Übung. Dieses Durchatmen ist besonders nützlich, wenn du zu dir selbst zurückkommen willst. So wie jetzt. Denn hier geht es um deine Neubestimmung. Sie ist alle Zeit wert, die du dir dafür nehmen willst.

Es ist faszinierend, dass wir oft, wenn wir eine Routine stoppen, erst einmal ein Gefühl der Leere empfinden. Das kann uns wie ein Rückschritt vorkommen. Mich erinnert das immer an einen kleinen Hamster in seinem Laufrad. Er läuft und läuft und das Rad dreht sich und dreht sich. Dann hört der Hamster auf zu laufen. Das Rad läuft noch weiter und manchmal wirft es den kleinen Hamster dabei ganz schön um.

So verhält es sich auch oft, wenn wir in unserem Lebenstrab innehalten. Manchmal merken wir erst jetzt, wie müde wir in unserem Hamsterrad des Alltags geworden sind. Mit den vielen kleinen und großen Verpflichtungen und Aufgaben, die unser modernes Leben so mit sich bringt, den Besorgungen, Terminen, dem Planen und Organisieren sogar für unsere Freizeit, mit alledem sind wir oft meilenweit von uns selbst, unseren tatsächlichen Lebensentwürfen, Ideen und Träumen abgewichen. Und dieser Verlust der Verbindung zu unserem eigenen Kern erzeugt ein Gefühl der Leere, des Nichts. Weil uns das Nichts oft ängstigt, laufen wir dann schnell wieder weiter. Und wir verschieben in dieser Dynamik, die uns in Wirklichkeit mächtig auspowert, so viele wichtige Punkte auf später. Später – wann soll das sein?

Erinnere dich: Irgendwann im Leben ist »später« jetzt. Beim Start der zweiten 50 Lebensjahre, beim Start eines zweiten Lebens bist du im Jetzt. Kein Verschieben auf später. Jetzt!

Nach der Kabbala sind die letzten sieben Jahre des ersten Lebens eine abschließende Zusammenfassung der davor gelebten 42 Lebensjahre. So eine Art zusammenfassender Schnelldurchlauf. Auch davon sind wir erschöpft. Dies erzeugt ebenfalls ein Gefühl von einem Ende. Wir müssen uns erst auf einen erneuten Beginn umstellen. Auch deswegen ist es wichtig, innezuhalten und uns Zeit dafür zu geben.

Der Überzeugungszirkel

Bevor wir in die Gestaltung deines zweiten Lebens einsteigen, möchte ich dir gern noch etwas zeigen. Es steht im Zusammenhang mit den Worten Mahatma Gandhis, die am Anfang des letzten Kapitels stehen. Wir wissen heute aus der Psychologie und auch aus der Medizin, dass unsere Überzeugungen unser Leben, unsere Psyche und unsere Gesundheit wesentlich beeinflussen und sogar steuern. Wenn wir uns diese Tatsache bewusst machen, können wir sofort erkennen, dass wir damit nicht mehr einen willkürlich vorgegebenen Lebensweg erfüllen müssen, sondern unser Leben in einem erheblichen Maße gestalten können. Tatsächlich sind wir selbst für unser Leben verantwortlich und müssen es somit bewusst gestalten. Ich möchte dir deshalb deine eigene Kraft und deine Möglichkeiten in dein Handlungsbewusstsein bringen. Dazu möchte ich dir gern etwas veranschaulichen.

Du startest deine Handlungen mit einer Überzeugung. So eine Überzeugung könnte zum Beispiel sein: »Das kann ich sowieso nicht!« Oder: »Das lohnt sich nicht!« Was glaubst du, wie viel von deinem Potenzial du mit so einer Überzeugung einsetzen wirst? Bestimmt nicht allzu viel. Denn ... es lohnt sich ja sowieso nicht.

Wenn du dann mit geringem Potenzial in die Handlung hineingehst, wird sie entsprechend kraftlos ablaufen. Dies zeigt sich im Resultat, das wiederum entsprechend ausfällt. Nun kommt der faszinierende Punkt hierbei. Dieses Ergebnis bestätigt deine Überzeugung! Hattest du es nicht schon vorher gewusst? Du wusstest doch, dass du es sowieso nicht kannst!

Dieser Überzeugungszirkel läuft immer gleich ab. Unabhängig davon, ob du eine negative Überzeugung oder eine positive Überzeugung vor einer Handlung hast. Wenn du nämlich mit einer positiven Überzeugung wie: »Das kann ich gut!«, oder: »Das bin ich wert!«, startest, wirst du ebenso das entsprechende Potenzial mobilisieren, deine Handlung wird entsprechend ablaufen, und du wirst am Ende ein Resultat erzielen, das wiederum deine Überzeugung bekräftigt. Dieses Mal jedoch ist der Kreislauf positiv.

Leider haben wir in den meisten Fällen durch unsere Erziehung, ganz wesentlich in den Schulen und in der Ausbildung, viel mehr negative Überzeugungen über uns selbst eingeimpft bekommen als positive. Ich habe früher manchmal in meinen Seminaren eine kleine Übung gemacht, wobei die Teilnehmer in Gruppen von fünf bis acht Personen zusammensaßen. Beim ersten Durchgang musste ein Gruppenmitglied all den anderen, die mit ihm in einem Kreis zusammen saßen, eine volle Minute lang alles das sagen, was er oder sie besonders an sich mag und schätzt. Alle in der Gruppe mussten nacheinander jeweils eine Minute lang positiv über sich selbst sprechen, während die anderen aufmerksam zuhörten. Dies war für die Teilnehmer fast immer eine echte Herausforderung und oft hatten sie große Mühe, überhaupt so lange positiv über sich selbst zu sprechen.

Im zweiten Durchgang bekam eine Person in der Gruppe von allen anderen nacheinander ein positives Feedback. Das konnten alle möglichen positiven Wahrnehmungen von äußeren und inneren Werten sein. Der Adressat durfte nichts dazu sagen, sondern musste alle positiven Kommentare einfach annehmen. Auch das fiel vielen nicht leicht.

Umso leichter war dann die Runde, in der wiederum eine Einzelperson eine Minute lang den anderen alle eigenen Schwächen mitteilen sollte. Es war faszinierend und traurig zugleich, wie erwachsene, gestandene und vielfach in ihrem Leben erfolgreiche Menschen losprudelten, sobald sie ihre negativen Überzeugungen von sich aussprechen sollten. Sie waren im Laufe der Jahre vollgefüllt worden mit negativen Kommentaren, und das Schlimmste dabei war, dass sie sie alle tatsächlich glaubten, ohne sie wenigstens von Zeit zu Zeit infrage zu stellen.

Dadurch, dass wir dieses Verhalten in der Gruppe besprachen und ins Bewusstsein brachten, konnten die Teilnehmer sich im Nachhinein ganz anders auf die vielen positiven Feedbacks einlassen und die Übung hatte somit wirklich eine erhellende Wirkung.

Mancher ging, so glaube ich, danach mit einigen positiv veränderten Überzeugungen von sich nach Hause.

Wie du deine Überzeugungen von dir selbst und deinem Leben für dich kraftvoll und positiv verändern kannst, zeigt ebenfalls der Zirkel. Du kannst den Ablauf im Zirkel und damit seine Ergebnisse nur verändern, wenn du am Start bei deiner Überzeugung neu ansetzt. Hier hilft das magische Wort *VIELLEICHT*. Wenn du es dir anschaust, kannst du die zwei Teile auch anders lesen: *VIELES – LEICHT!*

Mit der Einstellung *VIELES-LEICHT* kannst du nun ein *VIELLEICHT* in deine Überzeugungen einbauen. Also anstatt: »Es lohnt sich sowieso nicht!«, sagst du nun: »Vielleicht lohnt es sich!« »Vielleicht kann ich es.« Du nimmst also die Verneinung aus deinen negativen Sätzen heraus und ersetzt sie durch ein Vielleicht.

Spürst du, wie anders sich diese Formulierung anfühlt? Sie setzt eine ganz andere Energie in deinem Körper frei. Damit überzeugst du dich in kleinen Schritten immer mehr von positiveren und kraftvolleren Aussagen. Jedes Mal wirst du ein bisschen mehr Potenzial von dir freisetzen, stärker handeln und bessere Ergebnisse erzielen. Und du wirst deine Überzeugungen bestätigen, dass es vielleicht doch geht!

So baust du nach und nach deine positiven Überzeugungen von dir selbst aus. Das gibt dir in jeder Hinsicht Stärke. Dein Selbstwertgefühl und dein Selbstvertrauen wachsen. Du wirst freier und unabhängiger von der Anerkennung deiner Umgebung. Vor allen Dingen wirst du gesünder sein, weil auch dein Immunsystem tatsächlich von deinen positiven Überzeugungen profitiert. Also ans Werk! Ich wünsche dir viel Spaß und Erfolg mit dem *VIELLEICHT*.

Es lässt sich in so *VIELEN* Lebenslagen *LEICHT* einsetzen.

Zwischenbilanz und Richtungsbestimmung

Lass uns zusammenfassen: Du hast eine Sammlung deiner verschiedenen Lebensbereiche gemacht. Darin sind deine gelebten und auch deine bisher ungelebten Bereiche enthalten. Du hast dann 150 Punkte auf diese verschiedenen Bereiche verteilt. Es ging darum, sichtbar zu machen, wohin deine Zeit und deine Energien fließen. Beim ersten Mal ging es um die Bestandsaufnahme: Wie sind deine Zeit- und Energieflüsse jetzt in deinem Leben?

Beim zweiten Mal hast du dann die 150 Punkte so verteilt, wie du es dir wünschen würdest. Dabei haben eventuell einige Lebensbereiche von dir, denen du zurzeit wenig oder keine Zeit und Energie gibst, nun viel mehr Punkte, also Leben, bekommen. Diese Unterschiede zwischen deinem Ist-Zustand und deiner Wunschvorstellung hast du für dich sichtbar gemacht und festgehalten. Sie werden in unsere Planung einfließen.

Eine weitere vorbereitende Aufgabe war, dich ehrlich zu fragen, welche Archetypen dich besonders ansprechen und welche am wenigsten. Dazu kam die Frage, wie du die Königin in deinem Leben am meisten zum Ausdruck bringen kannst. Dann hattest du ein intensives, tiefes und ehrliches Vier-Augen-Gespräch mit dem Mädchen, das du vor circa 40 Jahren einmal warst.

Nun ist es Zeit für die große Frage: Wohin willst du? Ich frage extra nach dem Wohin, weil es um deine Ausrichtung geht, in welche Richtung du zunächst möchtest. Hierzu gibt es fünf Oberbegriffe:

WIRTSCHAFTLICH   **KÖRPERLICH**

        IN BEZIEHUNGEN

GEISTIG   **IM BEITRAGEN ZUM GRÖSSEREN GANZEN**

Welches Lebensgefühl suchst du unter diesen Richtungsbegriffen? Hier geht es auch um alles das, was du vielleicht schon immer (einmal) tun wolltest. Du verbindest auch mit den Wünschen und Träumen, die du bisher nicht ausgelebt hast, ein bestimmtes Lebensgefühl. Und hier geht es um nichts anderes als dein Lebensgefühl!

Die Übung zu den Lebensrichtungen

Wie willst du dich in deinen **Beziehungen** fühlen? Welche Arten von Beziehung möchtest du zu deinem Mann oder Partner, zu deinen Kindern, innerhalb deiner Familie, zu deinen Freunden, Kollegen und Nachbarn und all den anderen Menschen, denen du begegnest, leben?

Frage dich ganz tief und ehrlich, unabhängig davon, wie es im Moment ist, wie du es dir wirklich wünschst. Frage dich nach deiner tief in dir vorhandenen Idealvorstellung. Nach welchen Beziehungen sehnst du dich? Wie möchtest du dich in diesen Beziehungen fühlen? Was möchtest du in diesen Beziehungen geben?

Wie willst du dich **körperlich** fühlen? Innen und außen. Welches Lebensgefühl möchtest du in deinem Körper empfinden und mit deinem Körper ausdrücken? Welche Bewegung entspricht deinem Lebensgefühl – Tanzen, Tennis, Yoga, Laufen, Fahrradfahren oder etwas ganz anderes? Wie fühlen sich Vitalität und Gesundheit in deinem Körper an? Was kannst du für deinen Körper tun? Was braucht dein Körper von dir? Was kannst du für deinen Körper weglassen oder einschränken?

Wie willst du dich **geistig** fühlen? Gibt es Sprachen, Reisen, Kurse oder Ausbildungen, die du immer schon gern machen wolltest? Wie fühlt sich ein vitaler Geist für dich an? Was tust du für deinen Geist, was bietest du ihm an, womit fütterst du ihn? Wie gestaltest du deinen ganz persönlichen Lebensraum für deinen Geist – durch Fernsehen, Bücher, Bilder, Kino, Gespräche? Zu deinem Geist gehören auch deine persönliche Entwicklung und deine Spiritualität.

Welches Lebensgefühl möchtest du in deinen **wirtschaftlichen** Verhältnissen erfahren? Spüre genau in dich hinein, welche Rücklagen du brauchst, nicht für Steuer und Anschaffungen und dergleichen, sondern einfach, damit du dich wohlfühlen kannst. Manchmal lässt uns so ein Sicherheitspolster besser schlafen. Mache dir ehrlich bewusst, wie viel Geld du zum Leben brauchst und wie viel du gern zusätzlich zur Verfügung hättest. Berücksichtige dabei ganz nach deinen steuerlichen Verhältnissen, wie viel du tatsächlich netto brauchst, um dich wohlzufühlen. Dies ist besonders für uns Frauen, speziell wenn wir in einer Beziehung leben, in der der Partner das Geld oder mehr Geld verdient, eine wirkliche Herausforderung. Doch denke an die Königin! Würde sie sich um die Verantwortung für ihre Finanzen drücken?

Also: Was tust du für deine Finanzen, um wirtschaftlich ein gutes Lebensgefühl zu haben? Welche Aktionen würden deinem wirtschaftlichen Lebensgefühl entsprechen und es gleichzeitig verbessern? Wenn du selbstständig bist und ein eigenes Geschäft hast, gelten diese Fragen ebenso für dich wie als Hausfrau oder Angestellte.

Was kannst du aus deinem Lebensgefühl heraus **zum Leben der Menschen um dich herum und eventuell auch im größeren Zusammenhang, zur Umwelt und Menschheit, beitragen**? Hier geht es um dein Geben, um deinen Ausdruck im Leben. Wir bekommen vom Leben und den Menschen, die mit uns sind, so viel. Was geben wir von unserer Seite? Was geben wir bewusst? Und wenn das Gesetz der Resonanz tatsächlich greift, sollten wir bewusst geben, denn dann bekommen wir Entsprechendes in Qualität und Quantität zurück! Durch unser Geben und Nehmen werden wir Teil eines Kreislaufes. Also: Was willst du deinem Partner geben? Deinen Kindern, deiner Familie und den Freunden? Den Menschen in deiner Umgebung und am Arbeitsplatz, in der Nachbarschaft, im Straßenverkehr und beim Einkaufen? Welche Energien, Worte und Taten möchtest du ihnen als Ausdruck deines besten Lebensgefühls geben?

Bei allen diesen Themen geht es erst einmal wirklich darum, deine Antworten zu erspüren und in Resonanz mit deinem inneren Kern abzustimmen, bevor du sie notierst. Mach dir hierzu viele Stichworte und Notizen. Sie werden aufschlussreich für dich sein. Und wir werden damit gleich weiter arbeiten.

Jede kehrt in ihrem Reich, Majestät!

Das bin ich … *von A. Weindorf/ Mayana*

Lei olei... was auch geschieht
Dies ist die Reise des Lebens
Ich bin auf meinem Weg, der mich nach Hause bringt
Jetzt und für immer – ich fühle es so stark

Lei olei... ab und zu lag ich falsch
Habe wohl meine Fehler gemacht
Aber nun ist mir klar, es gab einen Grund
Ich glaube an die Engel im Himmel und auf Erden

Refrain
Das bin ich
Hier ist es, wo ich sein will
Ich stehe vor dir
Lasse alles zurück, was ich nicht mehr brauche

Das bin ich
Fühle mich klar und frei
Nun habe ich meinen Schlüssel gefunden
Denn ich will wieder glücklich sein
Das bin ich

Lei olei... mein Königreich liegt in mir
Ich bin immer noch die Königin meines Lebens
Nach Jahren des Leids und der Zuflucht
Habe ich entschieden, von nun an glücklich zu sein

Lei olei... So viel Freude ist mir entgangen
Freude an meiner eigenen inneren Welt
Ich schwöre mir nun, den rechten Weg zu gehen
Zurück zu meinem Frieden und meiner Freiheit
Refrain

Lei olei... das Leben ist nicht, wie es scheint
Nun habe ich meine Augen geöffnet
Und danke für alles, was ich erhielt und was mich ausmacht
Ab jetzt gehöre ich zum Lebenskreis
Refrain

Ich wende mich jetzt direkt an die Königin in dir: Da wir nun planen und gestalten, müssen wir zunächst einmal festlegen, was dein Reich umfasst. Leider kannst du das Lied, das ich an den Anfang dieses Kapitels gestellt habe, beim Lesen nicht hören. Mit Sicherheit wäre der Text noch eingängiger, wenn du die Musik dazu hören könntest. Es ist eines meiner Lieblingslieder. Wie du siehst, geht es dort um eine Königin, ihr Reich, ihr Leben, ihr Glück und ihre Gefühle. Passt gut, oder?

Im Lied sagt die eine Zeile, dass das Königreich in dir selbst liegt. Und genau darum geht es. So oft im Leben strecken wir die Hände nach dem Reich eines anderen aus! Wir wollen in das Leben unserer Kinder hineinregieren und vor allen Dingen ganz oft in das Leben unseres Mannes oder Partners. Natürlich können wir dabei immer für uns in Anspruch nehmen, es eigentlich nur gut zu meinen ... Schon mal gehört? Oder es vielleicht sogar selbst gesagt? Mein lieber Freund und Kollege, Samy Molcho, sagt an dieser Stelle gern: »Das Gegenteil von gut ist gut gemeint.« Ich mag diese Bemerkung, weil sie auf einen wesentlichen Qualitätsunterschied hinweist: Wenn wir es nämlich gut meinen, sind wir immer ganz bei uns selbst und allzu leicht bei unseren eigenen Vorteilen. Wenn wir jedoch wirklich gut sind, dann liegt unser Fokus tatsächlich bei dem anderen, eben beim Empfänger des Guten.

In den meisten Fällen, in denen wir in das Reich eines anderen hineinregieren, tun wir dies aus unserem eigenen Kontrollanspruch heraus. Wir kontrollieren so gern – am liebsten das Leben! Doch diese Kontrolle ist anstrengend, und das Leben lässt sich nicht kontrollieren. Trotzdem versuchen wir es hartnäckig. Das Leben ist wie ein starker Strom. Es fließt. Es trägt uns, wenn wir uns diesem Strom hingeben.

Doch da wir Menschen Angst vor dem Unbekannten und den damit vielleicht verbundenen Schmerzen haben, wollen wir diesen eventuellen Schmerz durch Kontrolle vermeiden. Das ist das Gegenteil von Hingabe. Und leider vermeiden wir nicht nur manchen Schmerz mit unserer Kontrolle, sondern auch ganz viele wunderbare Glücksmomente. Denn um diese voll und tief genießen zu können, müssen wir uns dem Glück hingeben.

Ich weiß, es ist schwierig, den Schmerz, den ein Leben in Hingabe durchaus auch mitbringen kann, attraktiv zu machen. Und doch möchte ich es dir mit einem Bild nahebringen. Die Geburt eines jeden von uns war mit Schmerzen verbunden. Selbst bei einem Kaiserschnitt gibt es einen Einschnitt und einen Heilungsprozess mit Narbe. Trotzdem sind die Glücksmomente danach, wenn das kleine Kind geboren ist, mithin die schönsten Momente im Leben der Menschen.

Sollten wir nun, um das eine zu vermeiden, auf dieses wunderbare andere verzichten?

Viele Menschen haben Angst vor der Kraft im Strom des Lebens. Das sind oft diejenigen, die am Ufer stehen und vielleicht nur von Zeit zu Zeit gerade einmal ihren großen Zeh und höchstens vielleicht ihren Fuß in den Wasserstrom strecken. Bei ihren Geschäften und Transaktionen mögen sie mutig und engagiert einsteigen. Diese Vorgänge sind meistens gut zu kontrollieren und wie Schachzüge zu planen und durchzuführen. Doch sobald es wirklich menschlich wird und die Kraft des Lebens zu spüren ist, halten sich diese Menschen heraus. Sie haben Angst. Angst vor den starken Gefühlen, die zum Strom des Lebens gehören. Sie haben Angst, weil sie wissen, dass sie diese Gefühle, wenn sie sich darauf einlassen, nicht mehr kontrollieren können.

Oft sind es dieselben Menschen, die dann vom Ufer aus ängstlich und manchmal auch etwas neidisch auf diejenigen schauen, die im Strom des Lebens voller Gefühl, Leidenschaft und Erfüllung an ihnen vorüberschwimmen. Wie sagte meine Großmutter immer so schön: Alles im Leben hat seinen Preis!

Also, Majestät! Wie wäre es mit ein bisschen Hingabe an das Leben? Ich weiß sehr wohl, dass dies nicht so einfach ist. Wir sind so lange darauf programmiert worden, für die Anerkennung von außen die Erwartungen unserer Umwelt zu erfüllen, dass wir schon dadurch ständig uns selbst und das Leben kontrollieren wollen. Aber ich kann dir auch sagen, dass es sich lohnt, sich in dieser anderen Lebensweise zu üben. Wir können ja Stück für Stück damit beginnen. Vielleicht in unserer Liebesbeziehung. Vielleicht in einem neuen Projekt, das wir starten. Vielleicht in einer Beziehung zu einem Freund oder einer Freundin. Einfach einmal loslassen und schauen, wie sich alles fügt. So wird übrigens aus Anspannung und Stress Gelassenheit!

Es ist deine Entscheidung, ob du wie die meisten Menschen weiterhin das Leben kontrollieren willst, oder ob du nun in deinem zweiten Leben die Weisheit und das Vertrauen aufbringst, ein Leben in Hingabe an das Leben zu führen. Wenn du dich für den zweiten Weg entscheidest, wird dein Leben farbiger und intensiver als jemals zuvor. Du wirst Überraschungen und sogenannte Zufälle erleben, deren Fügung dich oft sehr glücklich machen wird. Vor allen Dingen brauchst du dann niemanden mehr in deiner Umgebung zu kontrollieren. Natürlich wird es auch weiterhin Abläufe geben, die der Kontrolle bedürfen. Aber es geht nicht mehr darum, das Leben, das eigene und vor allem das der anderen, zu kontrollieren.

Ich glaube sowieso nicht, dass wir jemals die Kompetenz haben, das Leben eines anderen zu überschauen. Tun wir uns nicht schon schwer genug, unser eigenes Leben zu überblicken? Deswegen sollten wir auch dabei bleiben. Und wie es eine alte Volksweisheit so treffend sagt: Wenn jeder vor seiner eigenen Tür kehrt, ist es im ganzen Land sauber! Es ist außerdem eine ziemliche Arroganz, den anderen von vornherein zu unterstellen, dass sie in ihrem Leben keine eigenen Entscheidungen verantwortlich treffen und keine eigenen Erfahrungen damit machen können.

Wie willst du leben in deinem Reich?

Was heißt das jetzt praktisch für unseren Lebensentwurf? Wenn du dich auf dein Lebensgefühl in deiner Partnerschaft konzentrierst und dir deine ideale Partnerschaft vorstellst, konzentriere dich nur auf dieses Gefühl, dass du ab jetzt und in den nächsten Jahren in dieser Liebesbeziehung spüren willst. Verbinde es nicht mit deinem Mann und Erwartungen, wie er sein Verhalten für dich ändern soll. Dies ist ausschließlich seine Entscheidung. Du hast ihn einmal als eigenständigen und frei entscheidenden Mann kennen und lieben gelernt. Wir verlieben uns in unsere Partner, wenn wir sie noch nicht kontrollieren. Warum belasten wir unsere schönsten Beziehungen dann später mit diesem Kontrollkrieg. Viel besser ist es, wenn wir ihm und der Liebe wieder und weiterhin so vertrauen wie am Beginn unserer Liebesbeziehung.

Selbst wenn du deinen Mann noch so sehr liebst, fokussiere dich ausschließlich auf das Gefühl, das du in deiner Liebesbeziehung haben möchtest. Nur so richtest du dich auf die Gefühlswelt aus, in der du in einer Liebesbeziehung leben willst. Du öffnest dich so für die Frequenzen, die dazu passen, indem du selbst deinen Frequenzbereich dafür öffnest und diese Einstellung auch ausstrahlst. Ob dann dein Mann oder vielleicht sogar eines Tages ein anderer, zwischenzeitlich besser passender Mann mit dir diese Beziehung lebt, wird sich zeigen. Du kannst nur die Frequenzen in deinem eigenen Reich bestimmen. Doch du wirst staunen, wie stark die Wirkung sein kann!

Ich weiß, dass der erwähnte mögliche Partnerwechsel zunächst ziemlich heftig klingt. Doch was ist die Alternative in einer Beziehung mit unerfüllten Sehnsüchten? Immer weiter zu hoffen und zu bohren, damit der andere endlich so wird, dass er dir ein gutes Lebensgefühl gibt? Und währenddessen leiden und streiten? Oder aber die eigenen Sehnsüchte unterdrücken und sich scheinbar zufrieden geben mit dem, was man hat? Was würde die Königin tun?

Ich habe dieses Beispiel mit dem Lebenspartner gewählt, weil dieses in unserem Alter auf viele Beziehungen zutrifft. Doch dies gilt für alles. In allen unseren Beziehungen, ob als Mutter, Tochter oder Freundin. Fokussiere dich auf dein Lebensgefühl und stelle deinen Frequenzbereich entsprechend ein.

Wir sind noch immer bei einem Durchgang durch dein Reich. Wie sieht es aus mit deiner Wohnung oder deinem Haus? Viele Frauen glauben, dass dies ihr eigenes Reich sei. Doch auch hier muss ich leider einige Einschränkungen machen, Majestät! Nur wenn du ganz allein für dich lebst, ist dein Zuhause ganz dein Reich oder, wie die Engländer so schön sagen: *My home is my castle.* Teilst du jedoch dein Heim mit einem Partner und vielleicht auch Kindern, dann ist dies nur eure gemeinsame Kolonie.

Wenn du allerdings ein oder mehrere eigene Zimmer hast, dann sind diese selbstverständlich dein Reich. Dies gilt übrigens ebenso für die Zimmer deines Partners oder deiner Kinder. Sie sind jeweils das eigene Reich desjenigen und damit auch als solche zu respektieren.

Interessant ist es auch bei einem eigenen Geschäft, einem eigenen Unternehmen. Wenn du innerhalb deiner Unternehmung *The One and Only* bist, ist dies dein Reich. Sobald andere Partner und auch Angestellte dazukommen, wenn andere Menschen dort ihren Platz und ihre Aufgaben haben, gilt es von deiner Seite, auch diese Fürstentümer in deinem Reich zu respektieren.

Wir befinden uns bei der Definition von unseren Königreichen in der materiellen Welt, also den Häusern, Wohnungen, Räumen und Geschäften, tatsächlich in der Welt der Biologie. Denn hier geht es um Territorien. Wenn du schon einmal territoriale Kämpfe bei Tieren in der Natur beobachten konntest, hast du eine Idee davon. Nur weil der Mensch an oberster Stelle in der Nahrungskette steht, gehört er trotzdem immer noch grundsätzlich zur Natur und der Gruppe der Säugetiere. Natürlich laufen unsere territorialen Kämpfe weniger offensichtlich und viel unterschwelliger ab. Doch damit nicht weniger heftig bis oftmals aggressiv.

Wer kennt nicht den hartnäckigen Verschlampungskrieg der Teenager mit ihren Eltern? Dieses Chaos von Gegenständen, Wäschestücken und schmutzigem Geschirr im Zimmer eines Heranwachsenden. Doch wie anders kann ein Jugendlicher gegenüber seiner ständig ihre Ordnungsprinzipien durchsetzenden Mutter sein Territorium als sein Reich markieren?

Und dann sind da noch die Ehemänner oder Lebenspartner, die nach getanem Tagwerk in das so wunderbar nach unseren Kriterien (man könnte auch sagen: unseren weiblichen Markierungen) hergerichtete Zuhause kommen, und überall etwas fallen lassen, hinlegen, verschieben, liegen und stehen lassen. Sei froh, wenn er seine territorialen Ansprüche nur so markiert! Er könnte ja auch sein Bein heben ... Willkommen im Reich der Säugetiere! Territoriale Kämpfe in der Familienkolonie!

Wir könnten dieses Thema noch sehr viel ausgiebiger besprechen, doch dies ist beinahe ein eigenes Buch oder eigenes Seminar wert. Tatsächlich sind die Territorialkämpfe in der Partnerschaft, in der Familie und auch am Arbeitsplatz oft in meinen Beratungen und Seminaren ein interessantes, spannendes und umfangreiches Thema. Hier in diesem Zusammenhang geht es mir nur darum, dich darauf aufmerksam zu machen, um dir ein Bewusstsein für die Grenzen deines Reichs zu geben. Ich hoffe, ich konnte dir etwas deutlicher machen, was dein Reich ist und was nicht. Dies ist wirklich wichtig für deinen Lebensentwurf. Es macht keinen Sinn, für andere und in das Leben anderer hinein einen Entwurf zu machen.

Dein Reich, Majestät, ist dein Leben. Davon bist du die Königin. Hier kannst du gestalten und walten. Du sollst es sogar! Bewusst und vielleicht viel mehr als jemals zuvor.

Die Königin geht auf Sendung

Das Wichtigste bei diesem Entwurf für dein Leben ist, dass du dich hier im Gegensatz zu einer Planung, wie sie vielleicht als Businessplan, Umsatz- und Budgetplanung üblich sind, nicht in Details verstrickst. Es geht nicht darum, Abläufe zu planen. Deswegen verwende ich in diesem Zusammenhang auch ungern den Begriff Plan. Es gibt dazu zwei schöne Zitate, so soll John Lennon gesagt haben: »Leben ist das, was passiert, während du planst.« Und Woody Allen: »Wenn du Gott zum Lächeln bringen möchtest, erzähle ihm von deinen Plänen!« Sind dies nicht zwei wunderbare Sätze? Sie bringen mich immer mitten ins Leben zurück, und dies mit einem Schmunzeln.

Also, keinen Schritt-für-Schritt-Plan. Nein! Was wir brauchen, ist eine präzise Einstellung für unseren ganz individuellen, also persönlichen Empfangs- und Sendebereich. Ich weiß, das klingt sehr technisch, doch ich mache dies gern mit einem technischen Bild verständlich.

Bisher waren wir in unserem Leben wie eine große Parabolantenne, das sind diese schüsselförmigen Antennen. Wir haben so ziemlich ungefiltert alle möglichen Programme empfangen, besonders die Standardprogramme. Die beinhalteten, wie man/frau sich nach den gesellschaftlichen Normen als Tochter, Ehefrau, Mutter, Kollegin, Chefin, Freundin und Nachbarin und so weiter zu verhalten hat. Alle Programme sind einfach auf uns eingeströmt, und wir haben sie empfangen. Das eine gefiel uns besser, das andere weniger gut. Doch wir haben kaum darüber nachgedacht, dass wir unseren Empfangsbereich für unsere Bedürfnisse optimal einstellen könnten. Stattdessen haben wir gleichzeitig auf allen Frequenzen zurückgesendet: »Nehmt mich an! Gebt mir Anerkennung! Liebt mich! Dafür passe ich mich euren Programmen an, bin so, wie ihr mich wollt ...«

Die bekannte amerikanische Schauspielerin Jane Fonda hat dies in ihrer Autobiografie, die sie mit Ende 60 geschrieben hat, als eine Krankheit bezeichnet. Sie nannte sie *Desease to Please,* was sich in der englischen Sprache wunderbar reimt. Übersetzt heißt dies so viel wie »die Krankheit, gefallen zu müssen«. Sie schreibt auch darüber, wie stark besonders wir Mädchen und Frauen, die wir ja zusätzlich noch sehr nach unserer äußeren Attraktivität angenommen oder abgelehnt werden, an dieser »Krankheit« leiden. Ihr Leben war geprägt durch ihre Vater-Tochter-Beziehung und zeigt, wie sie die verschiedenen archetypischen Rollenbilder durchlaufen hat. Sie war eine

Prinzessin, wurde eine Kriegerin als politische Aktivistin, wurde immer mehr zu einer Magierin, um uns heute die Ausstrahlung und Klugheit einer schönen und interessanten Königin zu zeigen. Du siehst, auch die sogenannten Schönen und Reichen durchlaufen den Parcours des Lebens mit den Hindernissen und verschiedenen Schwierigkeitsgraden, die dazugehören.

Zurück zur Antenne und den Frequenzen: Anstatt auf ungefilterten Dauerempfang aller möglichen Frequenzen eingestellt zu bleiben, kannst du nun mithilfe dessen, was wir hier gemeinsam durch Fragen und intensives Hineinspüren in dich selbst herausarbeiten, deine Antenne so fein abstimmen, dass du weitestgehend nur noch die Sendungen empfängst, die deinem Lebensgefühl, also deiner tiefsten, eigenen Frequenz, entsprechen. Du gehst damit in Resonanz, weil du gleichzeitig deine Offenheit und Bereitschaft und auch deinen Beitrag, den du von dir geben kannst und willst, ganz klar aussendest.

Was du allerdings dabei auf gar keinen Fall tun sollst, ist, festzulegen, wie die Inhalte im Detail aussehen und wer mitspielt – keine fixierten Abläufe! Du hast deine Frequenz geklärt, und bist nun offen dafür, welche Sendungen dir aus dem Strom des Lebens gesandt werden.

Jede Königin (und jeder König) muss festlegen und nach außen repräsentieren, wofür ihr Königreich steht. Als Herrscherin legt sie fest, mit wem sie Kontakte, mit wem sie Austausch und mit wem sie nichts zu tun haben möchte. Sie öffnet ihre Grenzen für den Handel und die Einflüsse, die ihr Reich braucht, um blühen und gedeihen zu können. Jedes Reich ist anders, schon allein durch seine geografische Lage. Hinzu kommen Rohstoffe und Klima, Bevölkerungsgruppen und Mentalitäten und natürlich auch die historischen und technischen Entwicklungen. Daraus ergibt sich ein ganz eigenes Profil mit eigenen Bedürfnissen und Notwendigkeiten.

Es gehören auch ganz klare Abgrenzungen gegen den einen oder anderen Einfluss, gegen manches Nachbarland und die Versuche feindlicher Übernahmen dazu. Hier muss die Herrscherin ganz klar die Grenzen ihres Reichs aufzeigen und auch bereit sein, diese zu verteidigen. In ihrem Reich ist nur sie die Herrscherin. Niemand darf einfach eindringen und in ihrem Reich die Herrschaft an sich reißen.

Genauso verhält es sich für dich als Königin deines Lebens. Der Vergleich mit der Antenne sollte dir dazu das feinstofflichere Gefühl für das Reich deines Lebens im Gegensatz zu einem in der Materie vorhandenen Königreich vermitteln.

Regieren erfordert eine Vision, Majestät!

Du hast dich bereits mit den Richtungsschwerpunkten in deinem Leben beschäftigt und dabei hast du dir Notizen dazu gemacht, welches Lebensgefühl du in den folgenden Richtungen für dich erfahren und erleben möchtest:

- mein wirtschaftliches Leben
- mein körperliches Leben
- mein Beziehungsleben
- mein geistiges Leben
- mein Beitrag zum Leben in der Gemeinschaft

Falls du dabei unbewusst in das jeweilige Reich eines anderen hineinregiert haben solltest, hast du dies inzwischen wahrscheinlich korrigiert. Du bist mit den verschiedenen Übungen und Fragen an dich selbst deinem inneren Kern sehr viel näher gekommen. Es ist schön, dass du dich so frei und ehrlich auf diesen Prozess einlässt. Die Souveränität der Königin macht dir das leichter möglich.

Jetzt möchte ich dich bitten, noch ein ganzes Stück weiterzugehen. Ich will mit dir diese Richtungen zu einer Vision ausbauen. Eine Vision hat etwas mit dem Sehen zu tun. Es geht darum, so weit wie möglich nach vorn zu schauen. Weiter, als das eigene Leben reicht.

Was heißt das für uns? Du hast jetzt auf der Basis deiner persönlichen Befragungen Bilder und Ziele für dein zweites Leben ab 50 entworfen. Jetzt wollen wir mit diesen Bildern und Zielen einen regelrechten Bogen bauen. Obwohl dies wieder ein wenig technisch klingt, ist es wichtig, auch hier ganz und gar aus dem Gefühl heraus daran zu arbeiten.

Ich erwähnte eben die Bilder, die du entworfen hast. Viele von uns verbinden mit einem Gefühl ein Bild. Und viele können diese Bilder direkt vor ihrem inneren geistigen Auge sehen. Auch diejenigen, die nicht so leicht innere Bilder sehen, empfinden aber, sobald sie ein Bild irgendwo in einem Magazin, Buch oder Film sehen, mit dem sie in Resonanz gehen, sofort die damit für sie verbundenen Gefühle. Dasselbe Bild löst nicht bei jedem Betrachter das gleiche Gefühl aus und erzeugt auch nicht bei jedem Betrachter das gleiche innere Bild. Dafür sind wir viel zu unterschiedlich.

Trotzdem gibt es Farben, Formen, Stimmungen und symbolische Elemente in Bildern, die bei uns allen ziemlich gleiche Gefühle erzeugen. Hier befinden wir uns wieder im Bereich der Archetypenlehre. Archetypische Bilder und archetypische Symbole lösen in unserem inneren Fundus die damit verbundenen und verankerten archetypischen Gefühlsbilder aus.

Man hat herausgefunden, dass Bilder allgemein, doch besonders, wenn sie aus solchen archetypischen Symbolen bestehen, in uns so eine Art Instanteffekt haben: Wir nehmen das Bild in uns auf und haben sofort die entsprechenden Gefühle parat. Das ist die Kraft dieser Bilder. Und diese Kraft werden wir jetzt nutzen.

Bilder für das eigene Lebensgefühl

Frage dich einmal, welche Bilder am besten dein Lebensgefühl in den jeweiligen Lebensrichtungen wiedergeben. So wirst du vielleicht einige Symbole direkt aus deinem inneren Fundus abrufen können. Schreibe sie auf oder skizziere sie kurz.

Zusätzlich möchte ich dich bitten, jetzt deinen schon vorhandenen Zeitschriftenfundus herbeizuholen oder aber die Kioskbesitzerin in der Nähe mit etwas Umsatz zu verwöhnen. Es geht dabei um Folgendes: Durchforste alle möglichen Zeitschriften, die möglichst voller Bilder sind, nach den Bildern oder Bildelementen, die in dir eine positive Resonanz mit deinen anvisierten Lebensgefühlen erzeugen. Bitte, hab dann keinerlei Hemmungen, diese Bilder herauszureißen oder mit einer Schere herauszuschneiden. Wir brauchen sie.

Ich »lese« übrigens seit vielen Jahren alle Zeitungen auf die in der Übung beschriebene Art. Wenn du zu einem Zahnarzt oder Friseur oder in ein Bahnabteil kommst und dort Magazine findest, in denen eine Seite oder Teile von Seiten fehlen, dann war ich vor dir da! Beim Friseur oder Arzt frage ich allerdings (wann immer möglich) zuvor, ob ich die entsprechende Seite der Zeitschrift haben darf. Oft erkläre ich auch, wofür ich das brauche. Und du wirst staunen, wenn du es von nun an ebenso machst: In 99 von 100 Fällen geben dir die Leute gern ein positives Ja.

Nun weißt du immer noch nicht genau, was wir damit machen. Dazu kommen wir jetzt. Zunächst einmal ist der wichtigste Punkt hierbei die Schulung deiner Wahrnehmung. Du hast dir ja bereits bewusst gemacht, wie du deinen Frequenzbereich von nun an einstellen willst. Und jetzt stimmst du ihn ein. Du konzentrierst dich bei der Suche nach den für dich stimmigen Bildern ganz bewusst auf die Resonanz in dir zu diesen Bildern. Damit trainierst du deine Wahrnehmungskanäle. Du wirst bemerken, dass du am Anfang noch viel unschlüssiger durch die Magazine stöberst. Nach einer Weile wirst du schon viel schneller die für dich wichtigen Bilder entdecken. Und wiederum nach einer Weile fallen dir sogar Wortschnipsel und andere Kleinigkeiten innerhalb von für dich uninteressanten Zusammenhängen ins Auge. Ab dann wirst du auch außerhalb von Zeitschriften und Bildern, bei Liedern und Texten, ja überall ein sicheres Gespür für dein Lebensgefühl haben. Die Wahrnehmung ist justiert, die Antenne funktioniert.

Nun geht es aber nicht darum, statt Zeitschriftenstapeln nun herausgerissene Seiten aus Zeitschriften anzuhäufen. Erinnere dich, es geht um diesen Bogen, den wir spannen wollen. Es geht um deine Vision für deine nächsten 50 Jahre.

Es geht darum, dass du deine Lebensgefühle in den verschiedenen Lebensrichtungen sichtbar machst.

Die Vision sichtbar und begreifbar machen
Deswegen bitte ich dich jetzt, den Stapel deiner selbst gestalteten und erbeuteten Bilder, Wortschnipsel und Symbole nach folgenden Kriterien zu sichten:
1. Welche Bilder und Wortschnipsel motivieren dich jetzt im Augenblick am stärksten für deine nächsten aktuellen Schritte in die gewünschten Lebensrichtungen? Es geht hierbei um einen Zeitraum von jetzt an bis in etwa einem Jahr.
2. Welche Bilder, Worte und Symbole geben dir die optimale Energie für den größeren Bogen von einem bis etwa fünf Jahren? Du wirst merken, dass diese Bilder im Gefühl noch stärker sind und gleichzeitig etwas weniger detailliert, also schon mehr Symbolkraft statt situativer Aussage haben.
3. Dies wird noch deutlicher bei den Bildern des dritten Stapels, bei denen es darum geht, dein Gefühl

auf den ferneren Zeitraum von etwa fünf bis zehn Jahren auszurichten.
4. Und dann mag es da noch Bilder, Worte, Zeilen und Symbole geben, bei denen du dir sicher bist, dass sie immer für dich gültig sein werden und über dein noch langes Leben hinaus etwas von dir festhalten und widerspiegeln.

Mach diese Auswahl aus dem Bauch heraus. Du kannst hier nichts falsch machen, weil dein Innerstes der einzig gültige Maßstab ist. Nur dein Lebensgefühl zählt!

Bitte nimm dir Zeit für diese Übung. Es kann schön sein, wenn du dir auch hierbei wieder eine stimmungsvolle Musik anstellst. Lass die Bilderhäufchen ruhig über Nacht oder einen Tag liegen und schau sie dir dann wieder mit voller Offenheit an. Vielleicht verbesserst du ja noch etwas. Prima!

Nun brauchen wir einen Untergrund, auf dem diese Bilder mit Klebstoff fixiert werden können. Du kannst dafür einen großen Bogen Papier nehmen. Eine große Pappe ist etwas fester und lässt sich auch meist gut aufstellen. Hervorragend ist auch eine Pinnwand geeignet. Hier arbeitest du anstatt mit Klebstoff mit kleinen Stecknadeln.

Das Format ist völlig dir überlassen. Ich empfehle jedoch für die vielen Jahre voller Lebenskraft, die vor dir liegen, großzügig bei der Wahl des Untergrunds zu sein!

Wenn wir ein Gefühl von uns, innere Bilder, Fantasien und Träume auf einem Bogen Papier oder einer Pinnwand oder in einem Heft zum Ausdruck bringen, beginnen diese Gefühle und Bilder in der materiellen Welt zu existieren. Damit bekommen sie sehr viel mehr Kraft und Wirkung!

Zusätzlich können sie uns nicht mehr so leicht aus dem Bewusstsein »entwischen«. Sie sind da, sichtbar, fühlbar und damit wirkungsvoll!

Ihre Existenz in dieser Welt bildet das Fundament dafür, dass wir diese Gefühle und inneren Bilder leichter in unserem Leben leben und umsetzen können.

Deswegen ist diese Übung so wichtig! Du gestaltest also eine Lebenscollage für dein zweites Leben. Ob du nun dabei die Bilder, die dich aktuell für die nächsten Schritte am stärksten motivieren, im linken Bereich anbringst und so in der Leserichtung unserer Kultur von links nach rechts den Bogen in deine Zukunft spannst oder zu den verschiedenen Lebensrichtungen Gruppen anlegst, ist dir ebenso frei überlassen, wie die Möglichkeit, dazu Texte zu schreiben oder Wortschnipsel aus Zeitschriften und Stichworte hinzuzufügen oder das Ganze mit Illustrationen von dir zu ergänzen und vielleicht die gesamte Collage zeichnerisch zusammenzufassen.

Meine Collage ist auf einer Pinnwand im Querformat nach Lebensbereichen angeordnet, wobei die aktuellen Schritte im unteren Teil angebracht sind, der mittlere Teil meine mittelfristigen Ideen zeigt und meine langfristigen Visionen den oberen Rand ausfüllen. Ich habe sogar einige kleine Gegenstände, die für mich eine hohe Symbolkraft haben, in die Collage integriert.

Bei Teilnehmerinnen in meinen Seminaren habe ich aber auch schon alle möglichen Arten von Collagen gesehen. Manche davon waren schon beinahe künstlerisch wertvoll, andere liebevoll chaotisch. Alle waren eindrucksvoll!

Ich erinnere mich an eine Collage, bei der die Bilder auf einem wunderschön gezeichneten Regenbogen angebracht waren. Eine andere Teilnehmerin hatte ihre Bilder auf einem dünnen Bogen fixiert, den sie wie ein Leporello falten und immer bei sich tragen konnte. Auch ein Heft oder Notizbuch, in dem die Bilder, nach persönlichen Kriterien geordnet, hineingeklebt worden sind, kann für die eine oder andere von uns die geeignete Form sein.

Wichtig ist, dass du deine Lebenscollage jederzeit und leicht sehen kannst. Erinnere dich an den Instanteffekt, den Bilder auf unser Bewusstsein und Unterbewusstsein haben. Je häufiger du auf deine Collage gucken kannst, desto mehr wirst du dich in die Richtung dieser Lebensgefühle ausrichten und auf diese Frequenzen einstellen.

Wie ich schon erwähnt habe, ist meine Lebenscollage seit vielen Jahren auf einer Pinnwand. Diese steht nur wenig entfernt von meinem Schreibtisch auf einer Staffelei. Beim Telefonieren oder wenn ich in Gedanken von meiner Arbeit hochschaue, fällt mein Blick darauf – und KLICK! – es funktioniert! Oft muss ich lächeln, wenn ich dort meine Lieblingsblickfänger sehe. Sie berühren so direkt mein Innerstes! Ich sage immer: »Sie küssen meine Seele!« Das löst ein vertrautes und wunderbar warmes Gefühl in mir aus. Manchmal glaube ich, dass wir uns gegenseitig energetisch aufladen. Mir gibt das Anschauen so viel positive Energie. Gleichzeitig aber scheint auch die Ausstrahlung der Collage zuzunehmen.

Oft fragen mich Besucher, was denn dies für ein Bild sei. Sie sagen, es würde sie anziehen. Nun, vielleicht liegt es auch nur daran, dass so eine bunte Collage aus Zeitungsbildern relativ ungewöhnlich ist. Egal, auf jeden Fall sage ich dazu lediglich, welchen Zweck dieses Bild erfüllt und dass es mit mir ganz persönlich zu tun hat. Ich erkläre nicht einzelne Bilder und schon gar nicht deren Bedeutung für mich. Dazu empfinde ich meine Lebenscollage als viel zu persönlich. Meine Besucher haben diesen Standpunkt immer akzeptiert. Inzwischen gibt es einige, die dieses Instrument übernommen haben. Mit gutem Erfolg!

Wenn du oft genug, bewusst oder unbewusst auf deine Collage geguckt hast, trägst du sie, fest abgespeichert als Gesamtbild, in dir. Ich kenne jeden Quadratzentimeter meiner Collage und kann ihn jederzeit vor meinem geistigen, inneren Auge aufrufen.

Hier zwei Beispiele für eine Lebenscollage

Perfektion – Nein danke!

Wichtig für deine Lebenscollage ist, dass sie stets lebendig bleibt. Das heißt, dass du sie immer wieder aktualisierst. Achte darauf, welche Teile deines Entwurfs sich bereits erledigt haben und entferne dann die entsprechenden Bilder und Symbole. Damit schaffst du gleichzeitig Raum für neue Perspektiven. So kannst du neue Bilder befestigen. Ebenso kannst du irgendwo auf ein neues, besseres Bild, das dich einfach noch intensiver anspricht, treffen. Dann tausche das alte Bild gegen das bessere aus. So bleibst du mit deiner Collage in einem ständigen Dialog.

Es kann auch gut sein, zu bestimmten Terminen, die du selbst festlegst, deine Collage zu überarbeiten. Manche Frauen machen dies zweimal im Jahr. Ich selbst aktualisiere meine Collage je nach Bedarf zwischendurch, nutze aber immer die Zeit zwischen Weihnachten und Silvester für die gründliche Bestandsaufnahme. Zum einen herrscht in dieser Zeit sowieso die für mich passende besinnliche Stimmung, und zum anderen beginnt mit dem neuen Jahr in gewisser Weise auch wieder ein neuer Abschnitt. In diesen Tagen nehme ich dann alle Bilder herunter von der Pinnwand und beginne so quasi wieder ganz von vorn. Allerdings kommen manche für mich weiterhin sehr aussagekräftige Bilder, die besonders meine langfristige Vision symbolisieren, Jahr für Jahr erneut auf meine Lebenscollage. Du wirst für dich einen ganz eigenen Rhythmus finden, um deine Collage lebendig und wirksam zu gestalten und zu erhalten.

Nun noch ein wichtiger Punkt: Versuche nie, deine Lebenscollage perfekt zu machen! Glaub mir, ich weiß, wovon ich spreche. Auch wenn mein Grafikstudium nun schon beinahe 30 Jahre zurückliegt, hatte ich mit Sicherheit schon allein dadurch das Handicap, meine Collage ein perfektes Kunstwerk werden lassen zu wollen. Doch dies widerspricht völlig dem Sinn der Lebenscollage. Kunstwerke erfassen und erhalten einen Moment und tragen diesen dann weiter durch die Zeit. Die Lebenscollage ist darüber hinaus aber ein lebendiges Instrument, das Ausdruck der vielschichtigen Lebensbereiche und ihrer wechselnden Bedürfnisse in unserem Leben ist. Die lebendige Energie und begleitende Kraft für uns drückt sich, wie das Leben selbst, direkt im Imperfekten, den kleinen Brüchen, Lücken, einem eventuellen persönlichen Chaos und häufig einer pulsierenden Unverständlichkeit für fremde Betrachter aus. Dass in allen diesen Faktoren eine besonders lebendige Schönheit liegt, die natürlich auf einer anderen Ebene schon wieder perfekt sein kann, ist hier nicht gemeint. Ich möchte dich darauf aufmerksam machen, nicht in einen Perfektionsanspruch als Ausdruck von Kontrolle hineinzugehen, um damit nicht eine starre Sterilität anstelle der pulsierenden Lebendigkeit zu bekommen.

    Das Leben selbst ist in seinem direkten sichtbaren Ausdruck nicht perfekt. Dies zeigen uns am besten Pflanzen und Gärten. Da kann mancher noch so sehr darauf achten, er kann spritzen, wegschneiden, ausreißen und harken. Trotzdem werden sich Blätter verfärben, hemmungslos herunterfallen, sogenannte Unkräuter sprießen, Schnecken, Läuse und Würmer ihrem Daseinszweck zulasten der Schönheit der Pflanzen frönen und die Jahreszeiten mit Frost und Regen ihr manchmal ziemlich zerstörerisches Werk durchsetzen. Nicht nur auf unsere Collage bezogen können wir von der Natur über die vielen Schichten von Zeiten und Sinn, über Destruktion als Raumschaffung für Neues, über die Komplexität und gleichzeitige Einfachheit des Lebens lernen.

    Die Collage ist ein Ausdruck deines Lebens. Deswegen: Sei bereit für deine Vielschichtigkeit und deine Lebendigkeit! Genieße sie als Ausdruck deiner frei fließenden Lebenskraft! Ich wünsche dir von nun an mit deiner Lebenscollage viel Freude und vor allen Dingen wunderbare Erfolge!

Krisen – die Höhe- und Wendepunkte unseres Lebens

Seit einer Weile schon sagen wir,
dass die Elfte Stunde geschlagen hat.
Nun müssen wir zurückkehren und den Menschen sagen,
dass die Zeit gekommen ist.
Folgendes ist zu berücksichtigen:
Wo lebt ihr?
Was tut ihr?
Was für Beziehungen habt ihr?
Wo ist euer Wasser?
Kennt euren Garten.
Es ist Zeit, eure Wahrheit zu verkünden.

Wir müssen nun gehen.
Die Zeit ist gekommen.
Der Fluss fließt rasend schnell. Er ist stark und geschwind, und
so mancher hat Angst.
Wird sich ans Ufer klammern wollen.
Wird glauben, er reißt ihn entzwei.
Und wird gewaltig leiden.

Wisst, dieser Fluss hat ein Ziel.
Die Zeit des einsamen Wolfs ist vorüber.
Versammelt euch!
Verbannt das Wort »Kampf« aus Wortschatz und Leben.
Von nun an muss all euer Tun heilig und feierlich sein.
Wir sind diejenigen, auf die wir warten.

Gebet der Hopi

Bis jetzt haben wir darüber gesprochen, wie wir unser Leben nach unserem Lebensgefühl so ausrichten können, dass wir in unserem zweiten Leben glücklicher und erfüllter leben können. Dazu gehört es, das Streben nach Perfektion hinter uns zu lassen und uns dem unkontrollierbaren und scheinbar so chaotischen Lebensstrom hinzugeben. Dazu gehören aber auch die Krisen, die in unserem Leben die Meilensteine darstellen und so überhaupt nicht zur Perfektion passen.

Dabei gehen wir ins Kino oder sitzen vorm Fernseher und weinen für und mit unseren Heldinnen im Film, wenn das Schicksal und das Drehbuch sie in die Krise und die damit verbundenen Turbulenzen stürzt. Tatsache ist, dass wir im Film und in der Literatur Krisen, die die Protagonisten erleben, bereitwillig hinnehmen. Wir lassen uns als Zuschauer und Leser auf deren Emotionen ein und sehnen die Erkenntnis und die damit verbundene Wende im Verhalten und den Geschehnissen herbei. Später, oft noch Jahre danach, schwärmen wir am meisten von den Filmen und Romanen, die uns am tiefsten berührt haben. Mit der Akzeptanz unserer eigenen Krisen tun wir uns dagegen sehr viel schwerer.

Wir verbinden mit dem Begriff Krise immer eine schwierige, herausfordernde und vielleicht nur schwer zu bewältigende Situation, die vor allen Dingen unkontrollierbar abläuft. Tatsächlich kommt der Begriff »Krise« ursprünglich aus der alten griechischen Sprache und bedeutet Entscheidung, entscheidende Wendung. Er wurde zunächst in der Medizin angewandt, um dort den Höhe- und Wendepunkt einer Krankheit zu bezeichnen. Erst später, ab dem 18. Jahrhundert in Frankreich, bekam der Begriff Krise die heutige, allgemeine Bedeutung für eine schwierige, meist negative Situation.

Ich mag die ursprüngliche Bedeutung des Wortes Krise viel mehr, weil ich im Lauf meines Lebens immer wieder erfahren habe, dass die Krisen tatsächlich Entscheidungen erforderten und damit zu entscheidenden Wendungen wurden. Manches Mal konnte ich dies natürlich nur im Rückblick so klar erkennen, doch dies hat mich vieles für den Umgang mit den danach folgenden Krisen gelehrt. Ich konnte so auch anerkennen, dass die Krisen in meinem Leben zwar schmerzhaft, voller Stress und Herausforderungen und oftmals wirklich existenz- und lebensbedrohlich waren und ich sie deswegen nur allzu gern vermieden hätte, sie aber im Gesamtbild meines Lebens nicht negativ, sondern sogar positiv zu sehen sind.

Dies gilt ebenso für das Auseinanderbrechen meines Elternhauses in meiner Jugend wie für die Trennung und Scheidung von meinem Mann nach einer langen und intensiven Ehe, wie auch für die finanziellen Krisen, die uns seine und meine wirtschaftliche Selbstständigkeit im Beruf brachten, aber auch ganz wesentlich für die Brustkrebserkrankung in jüngster Zeit. Was daran positiv gewesen sein soll? Ich möchte das anhand meiner persönlichen Erfahrungen verdeutlichen.

Persönliche Erfahrungen mit der Krise

Meine Eltern trennten sich und ließen sich auch zugleich scheiden, als ich 16 Jahre alt war. Diese Krise nahm beide so sehr in Anspruch, dass ich von heute auf morgen aus einer behüteten Kindheit in die totale Eigenständigkeit katapultiert wurde. Das war ein schmerzhafter Schock, eine Art Sturzgeburt. Gleichzeitig machte ich aber nun jeden Tag die positive Erfahrung, wie kraftvoll, lebensfähig und selbstständig ich aus mir selbst heraus sein konnte. Dies waren Erfahrungen und Erkenntnisse, die ich mit Sicherheit in meinem Elternhaus mit meinem fürsorglichen Vater und meiner alles regelnden Mutter in einem üblichen Abnabelungsprozess so nicht hätte machen können.

Ich war aus dem Nest geworfen worden – und ich konnte fliegen! Und wie! Diese frühe Selbstständigkeit war in meinen Zwanzigern und Dreißigern eine wunderbare Grundlage dafür, zu diesem frühen Zeitpunkt schon andere tiefe und weiterführende Erfahrungen und Erkenntnisse zu gewinnen, die nicht nur für mein Leben, sondern auch für meinen Beruf und meine Existenz wesentlich wurden.

Knapp 30 Jahre später sah ich mich dem Ende meiner eigenen Ehe gegenüber. Die dann folgende Trennung ist im Nachhinein einer der größten Transformationsprozesse in meinem Leben geworden. Mein Mann und ich haben immer ehrlich und offen miteinander reden können. So hatten wir uns, und das gilt bis heute, ein tiefes, menschliches Verstehen aufbauen und erhalten können. Eines Tages haben wir auf einem Kurztrip mit dem Abstand zum Alltag und der Nähe von zwei Menschen, die miteinander reisen, in die Augen geschaut und uns offen eingestanden, dass wir uns bei allem Gefühl füreinander nicht mehr gegenseitig fördern und im positiven Sinn weiterbringen. Wir wussten, dass wir keine gemeinsamen und uns inspirierenden Projekte mehr vor uns hatten. Diese für uns gültige klare Erkenntnis war plötzlich da. Wir konnten sie, wenn auch sehr traurig, anerkennen. Unsere Vision hatte sich im Verlauf von knapp 20 Jahren erfüllt. Jetzt war es an der Zeit, dass jeder von uns wieder seinen ganz eigenen Weg gehen musste.

Obwohl wir beide immer noch Anziehung und Liebe füreinander empfanden, waren doch der starke Reiz und das Begehren, die durch die ausgeprägten Gegenpole in einer Mann-Frau-Beziehung so wichtig sind für die Lebendigkeit und gegenseitige Befruchtung, ziemlich neutral geworden. Durch das tiefe Vertrauen zueinander konnten wir es aussprechen und zu einem Zeitpunkt auseinandergehen, der für uns beide gut und stimmig war. So haben wir die besten Seiten unserer Beziehung erhalten und ausbauen können. Wir haben nicht, wie so viele Paare, auf den schmerzhaften und zerstörerischen Prozess von Streit und Auseinandersetzung gewartet, der es oftmals erst möglich macht, sich zu lösen. Stattdessen haben wir positiv und liebevoll auf die gemeinsamen hinter uns liegenden Jahre geschaut, uns miteinander auf den intensiven, emotionalen Prozess der Trennung eingelassen und uns gegenseitig ermutigt, unsere neuen Wege mit neuen Wohnorten, neuen Projekten und vor allen Dingen auch neuen Partnern zu gehen.

Trotzdem war es ein sehr schmerzhafter und tränenreicher Wandlungsprozess, der mich einige Male auf den Grund meines Seins, dort, wo das Nichts ist, geschleudert hat. Sämtliche Identifikationen, die mir das Leben in meiner Ehe gegeben hatte, fielen durch diesen Schritt weg. Wohnort, berufliche Verbindungen, die wir miteinander hatten, der soziale Status der Paarbeziehung, der alle sozialen Kontakte mitbestimmt, und vieles mehr existierte nicht mehr. Da wir leider keine Kinder miteinander hatten, gab es für mich auch diese »Anker« im Strom des Lebens mit ihren Bindungen an Schulen und Orte nicht. Eines Tages in dieser Zeit sah ich mich völlig auf meine tatsächliche Identität zurückgeworfen. Ich war mein Sein. Tun und Haben hatten sich mit ihrem Kontext aufgelöst.

Wieder funktionierte der Phönix-Mythos! Ich entdeckte die ungeheure Chance, die vor mir lag. Ich war frei und konnte alles neu für mich gestalten. Ich konnte mich neu definieren, mir ein neues Leben aufbauen. Wie Phönix aus der Asche ließ ich mich auf das Neue ein. Die Dynamik und Kraft im Außen, die aus meiner bewussten Öffnung zum Leben freigesetzt wurden, waren auf der anderen Seite mit einer tiefen Klarheit und Ruhe in meinem Inneren verbunden. Meine beruflichen Projekte entwickelten sich nicht nur hervorragend, sondern ich bekam genau die Angebote, die ich mir schon lange gewünscht und herbeigesehnt hatte.

Die Liebesbeziehungen, die der Strom des Lebens an mich herantrug, waren wie eine heilende Medizin für Wunden, die ich aus den Jahren davor mit mir herumgetragen hatte. Ich machte eine bedeutsame Entwicklung durch zu der Frau, die ich schon immer als zutiefst weiblich empfindende Frau in mir gespürt hatte. Ich zog von meiner Intuition geleitet genau an den Ort, der für mich in fast fünf Lebensjahrzehnten das erste Mal wirklich ein Gefühl von »Heimat« bereithielt. Für mich als eine berufliche Nomadin eine sehr schöne Lebensqualität.

Sogar körperlich war meine »Neugeburt« sichtbar. Obwohl ich vielleicht sogar noch mehr aß, als in den Jahren zuvor, und keinen Extrasport machte, nahm ich, ohne in irgendeiner Weise darauf fokussiert zu sein, ganz nebenbei die Kilos ab, die ich offensichtlich als angestaute Energien in den letzten Jahren meiner Ehe irgendwie an mir verteilt hatte. Ein Jahr nach der Trennung kaufte ich mir endlich eine Waage, um zu schauen, warum ich mir meine Kleider ändern lassen oder neue kaufen musste. Ich hatte genau mein Gewicht von vor der Ehe. Doch viel entscheidender war mein Körpergefühl. Ich fühlte mich endlich wieder elastisch, vital und kraftvoll – jung und voller Freude an der Bewegung. Ganz offensichtlich strahlte ich das auch aus. Dies sagten mir die Kommentare und Komplimente der alten und auch neuen Bekannten.

Die alte Rebecca, die mit der Auflösung ihrer Ehe mitsamt ihrem Nest »verbrannt« ist, ist mir in den zehn Jahren, die seitdem vergangen sind, nie wieder begegnet. Ich habe in diesen Jahren große Entwicklungsschritte gemacht, die ich so in meiner Ehe nie hätte machen können. Wäre ich verheiratet geblieben, ein hypothetischer Ansatz, hätte ich natürlich auch eine Entwicklung erlebt, eine andere, aber nicht in dieser Qualität. Für diese Qualität in meiner Transformation und auch für die Transformation der bis heute wirklich schönen Beziehung mit meinem geschiedenen Mann bin ich sehr dankbar!

Als ich die Diagnose Brustkrebs bekam, war dies für mich eine Krise von noch nicht gekannter Qualität. Ich war das erste Mal in meinem Leben ganz direkt und persönlich mit dem Tod konfrontiert. Als der Arzt während der Untersuchung die entscheidenden Worte aussprach, wurde es in mir und um mich herum totenstill, und ganz langsam sank die Erkenntnis, dass es hierbei um mich geht, in mein Bewusstsein. Ich war in dieser Situation definitiv vom Schicksal sehr begünstigt. Denn ich hatte durch die verschiedenen Parameter das, was man trotz der Unberechenbarkeit dieser Krankheit, eine gute Prognose nennt.

Das tatsächliche »Trauma Krebs« traf mich trotzdem, genau wie alle anderen, die diese Erfahrung gemacht haben. Das Schlimmste bei dieser Traumatisierung ist, dass erst nach dem Schock das eigentliche Leiden beginnt, fortgesetzt und durch die verschiedenen Behandlungen immer wieder verstärkt und vertieft wird. Die eigene Betroffenheit und auch die der persönlichen Umgebung ist über Monate ständigen weiteren Belastungen ausgesetzt.

Ich habe sehr oft geweint in dieser Zeit, Mengen von Tränen.

Gleichzeitig habe ich dieses Mal den Phönix-Mythos noch buchstabengetreuer erfüllt. Die Chemotherapien machten es möglich. Schon 14 Tage nach der ersten Behandlung verlor ich meine Prachtmähne, die immer mein ganzer Stolz gewesen war. Mein Gefieder war verbrannt! Die Abwehrreaktionen meines Körpers gegen das Gift der sehr starken Chemotherapie waren trotz der dagegen verabreichten Medikamente so heftig, dass ich wirklich manches Mal glaubte, ich löse mich auf. Während der Behandlung erlebte ich also zunächst meine physische Auflösung. Meine Psyche war nur noch auf Überleben ausgerichtet.

Als ich dann danach wieder mein Leben aufnehmen wollte, realisierte ich, dass ich nicht mehr existierte. Ich hatte so ganz ohne Haare nicht nur wie ein, wenn auch etwas zu groß geratenes und etwas altes, Baby ausgesehen, ich war neu geboren worden. Die Entwicklung war nun zunächst auch so langsam wie bei einem Baby. So nach und nach begannen die Haare wieder zu wachsen. Mein ganzer Körper erschuf sich Schritt für Schritt langsam neu. Meine physischen und psychischen Fähigkeiten, mein Nervenkostüm und meine Kondition konnte ich erst nach und nach aufbauen. Doch es war gut, dass diese Entwicklung ihre Zeit benötigte und ich sie ihr geben konnte, denn so hatte meine Seele die Zeit und den Raum, um ihre Schritte gehen zu können.

Ich weiß noch, wie ich eines Abends zu Freunden sagte, als diese angesichts meiner circa anderthalb Zentimeter langen neuen Haare darüber sprachen, ob ich die so lassen sollte oder unbedingt wieder meine Lockenmähne züchten müsse: »Ich weiß, dass ich nie wieder die sein werde, die ich einmal war. Ich weiß auch, dass ich nicht die bleiben werde, die ich jetzt bin. Und ich kenne die noch nicht, die ich vielleicht einmal sein werde.« Aber eines wusste ich die ganze Zeit über, ich realisierte es bereits zum ersten Mal wenige Tage nach der Diagnose: Mit dem Krebs beginnt das Leben!

Diese Krise hat mir so viel bewusst gemacht. Mir wurde in aller Klarheit und Tiefe bewusst, was mein Leben für mich bedeutet. Ich erkannte, was mir fehlt und worauf ich achten muss. Ich erkannte auch, wo ich feststeckte und nicht hingucken wollte. Ich lernte ganz direkt, Wichtiges von Unwichtigem zu unterscheiden.

Hatte ich vorher manches Mal auf Alltäglichkeiten und Routine missmutig und übellaunig reagiert, konnte ich es von nun an wieder als ein aktives Teilnehmen am Leben genießen. Ich kann seitdem viel klarer erkennen, wie hausgemacht und unnötig Stress oft in unserem Leben ist, und vor allen Dingen, wie häufig ich mir den Stress anderer in meiner Umgebung mitangetan habe. Jetzt gehe ich liebevoller mit mir um und kann genauso liebevoll anderen gegenüber mein Nein und mein Ja ausdrücken. Faule Kompromisse und halbherzige Arrangements – sie waren nie etwas für mich, doch jetzt lehne ich sie ganz klar ab.

Mein Leben ist kostbar und es ist es mir wert, bewusst damit umzugehen. Meine Vitalität und Gesundheit sind besser als vor meiner Erkrankung. Ich genieße mein Lebensgefühl, und meine Antennen hierfür sind auf feinsten Empfang eingestellt. Der Brusttumor, den ich selbst geschaffen habe, doch der mich hätte vernichten können, hat mir ganz klar aufgezeigt, was in meinen verschiedenen Lebensbereichen für mich wirklich wichtig und elementar für mein Leben ist. Er hat mich Erfahrungen machen lassen, die mir heute sehr guttun.

Ich habe mich mit den kranken Anteilen in mir auseinandergesetzt. Ich habe sie entfernt. Jetzt habe ich einen neuen und gesunden Körper. Der Phönix ist wiedergeboren! Das bewusste Jahr mit dem Krebs war das bisher härteste Jahr meines Lebens. Es war es wert! So glücklich und lebendig, wie ich jetzt bin, bin ich auch dankbar für diese Transformation.

Krisen in der Lebensmitte

Ich habe bewusst über einige wesentliche Krisen in meinem persönlichen Leben geschrieben, weil ich über meinen Umgang damit am authentischsten berichten kann. Ich hätte mich in meinem Selbstverständnis als Beraterin nicht wohlgefühlt, hier von Krisen meiner Klientinnen zu erzählen. Jede Verfremdung zum Schutz der Frauen hätte wiederum ihren Geschichten die Echtheit genommen.

Jede von uns hatte ihre Krisen und jede von uns wird weiteren Krisen in ihrem Leben begegnen. Bei dir mögen es ähnliche oder ganz andere Krisen gewesen sein als bei mir. Wir haben einige Krisen schon hinter uns, andere liegen noch vor uns. Nicht jede von uns bekommt das ganze Programm, dafür scheinen einige ein wenig mehr angeboten zu bekommen.

Die Krisen, denen wir in der Lebensmitte begegnen können, betreffen die verschiedensten Lebensbereiche. Wir können konfrontiert werden mit:

Tod oder Krankheit unserer Eltern
Trennungen
    Die Kinder gehen aus dem Haus
    Der Partner geht weg
    Wir selbst trennen uns vom Partner
    Damit oft verbunden: ein Umzug
    Das Auftauchen einer oder eines Geliebten in unserer Partnerschaft
Krankheiten bei uns selbst
    Totaloperationen im Unterleib
    Brustkrebs oder andere Krebserkrankungen
    andere ernsthafte Erkrankungen und Eingriffe
Veränderungen im Job
    Kündigung
    Beförderung
    ausbleibende Beförderung
    neuer Job
    weitere Ausbildungen
    Geschäftsgründung
Finanzielle Krisen
Sinnkrisen … die Fragen: Warum? Wofür? Weshalb das Ganze?

Dies ist eine Auswahl zu den Krisenthemen, die uns in unserem Leben bewegen können. Zu dem Aspekt der

Trennungen gehören auch die neuen partnerschaftlichen Beziehungen, die manchmal die Ursache für die Trennung waren oder nach einer Trennung beginnen. Auch sie können wirkliche Krisen darstellen, weil sie auch für unser Umfeld, die Familie, die Kinder und Freunde, eine starke Veränderung und damit Herausforderung bedeuten, was wiederum Auswirkungen auf uns selbst hat. Dazu kommen wir später noch einmal zurück, wenn wir uns mit dem König in unserem Leben auseinandersetzen.

Natürlich gibt es auch noch alle möglichen anderen Krisen, wie Unfälle, Naturkatastrophen und vieles mehr. Mir geht es hier in diesem Zusammenhang für uns aber mehr um die typischen Krisenherde in der Lebensmitte. Oft wird gesagt, dass Unfälle oder Tod, besonders der eines eigenen Kindes, die schlimmsten Krisen sein würden. Ich glaube jedoch, ohne die Tiefe dieser Trauer infrage zu stellen, dass Qualität und Wirkung von Krisen nicht vergleichbar sind. Es kommt darauf an, zu welcher Zeit in unserem Leben, in welchem Zusammenhang, in welcher Konstellation zu anderen Menschen die Krise eintritt und auf welche archetypischen Strukturen die Ereignisse treffen. Eines haben auf jeden Fall alle Krisen gemeinsam: Währenddessen und vor allen Dingen danach, ist nichts mehr so wie zuvor. Eine durchlebte Krise ist eine Transformation. Je erschütternder die Krise verläuft, umso stärker wird auch die Transformation sein. Das gilt auch für die Krisen in der Lebensmitte.

Wichtig ist, wie wir uns der Krise stellen und durch sie hindurchgehen. Deswegen halte ich auch nur bedingt etwas von diesem Ansatz, in einer Krise damit zu argumentieren, dass es hätte noch viel schlimmer kommen können und dass andere auch schon viel Schlimmeres überlebt haben. Genauso wenig wie davon, sich möglichst nichts anmerken lassen zu wollen.

Darin steckt nämlich die Gefahr, die Wirkung und damit

die Möglichkeiten und die Kraft der Krise zu leugnen und zu unterdrücken. Vielmehr macht es für mich Sinn, zunächst einmal die emotionale Wirkung voll anzuerkennen und anzunehmen. Wenn wir die oftmals mit einer Krise einhergehenden starken Emotionen zulassen, geben wir uns einer Dynamik hin, die die Transformation, die entscheidende Wendung, in uns erst möglich macht.

Dagegen steht unsere Angst, von diesen Emotionen quasi weggespült oder überrollt zu werden. Und dahinter steckt die entscheidende Angst, die wir Menschen in uns tragen: die Angst vor dem großen Nichts. Das Nichts, die Leere, das Ungreifbare – das beinhaltet für uns die große Gefahr, verloren zu gehen. Das ist für uns ein Tod. Wir haben schon zuvor vom »kleinen Tod« gesprochen. Wir haben Angst vor dem Tod. Deswegen halten wir so sehr fest an all den Dingen, Gewohnheiten, Abläufen, Strukturen und Menschen. Was ist, wenn alles das plötzlich nichts mehr bedeutet oder sogar wegfällt? Doch genau dies bringen uns die Krisen. Sie bringen uns die kleinen Tode! Plötzlich existieren bestimmte Lebensbereiche nicht mehr.

Du erinnerst dich sicher an den Unterschied zwischen den Identifikationen in unserem Leben und unserer ganz individuellen Identität. In unseren Krisen »sterben« Identifikationen von uns. Der Partner hat uns verlassen, und wir sind plötzlich eine alleinstehende Frau. Die Identifikation mit der Rolle der Ehefrau hat aufgehört zu existieren. Ebenso kann es sich anfühlen, wenn das Kind oder die Kinder wegziehen, vielleicht sogar ins Ausland, also weit weg. Damit erlischt die alltägliche Identifikation als Mutter. Auch eine Kündigung im Beruf bedeutet die Kündigung der damit verbundenen Identifikation. Mit der Diagnose einer ernsten Erkrankung fallen oftmals gleich mehrere Lebensbereiche und damit also Identifikationen weg. Zum einen die berufliche Tätigkeit, oftmals viele soziale Aktivitäten und Kontakte, zum anderen treten dadurch auch häufig innerhalb der Familie und Partnerschaft große Veränderungen und damit der Abschied von gewohnten Identifikationen auf. Wenn wir eine neue Berufstätigkeit, eine Veränderung im Job oder sogar eine Geschäftsgründung in Angriff nehmen, hat auch dies ähnliche Auswirkungen auf unsere Identifikationen, also unsere Rollenbilder und die Verteilung unserer Energien in unserem Leben. Du hast das sicher alles schon in der einen oder anderen Form erlebt, oder du steckst sogar im Moment mitten in einem solchen Prozess.

Die Königin bleibt auch in der Krise in Führung

Wie können wir also am besten, das heißt so konstruktiv wie möglich, mit den Krisen in der Lebensmitte umgehen? Ja, wie können wir sie vielleicht sogar mitgestalten? Ist das überhaupt möglich? Ich behaupte: Ja! Grundsätzlich gehe ich sogar davon aus, dass wir selbst immer einen verantwortlichen Anteil an jeder Krise in unserem Leben haben. Dies kann eine seelisch-energetische Bereitschaft ebenso bedeuten wie eine aktive Teilnahme oder das halbbewusste Zusehen und Nicht-Handeln, wenn eine Entwicklung auf einen spürbaren Höhepunkt zusteuert.

Natürlich gibt es die verschiedenen Krisen, die wir selbst nicht direkt zu verantworten haben. Um eines der Beispiele aus meinem Leben zu nehmen: die Scheidung meiner Eltern gehörte definitiv nicht in meinen Entscheidungs- und Verantwortungsbereich. Jedoch mein Umgang in und mit der Situation, meine innere Haltung und meine äußeren Handlungen, die wesentlich meine Erfahrungen und meinen Umgang mit der Krise gestalteten, waren und sind meine Verantwortung.

Natürlich gilt rückblickend immer, dass wir unser Bestes getan haben. Wir agierten und reagierten so gut, wie wir es zu diesem Zeitpunkt konnten. Hätten wir es besser gekonnt und gewusst, hätten wir besser gehandelt. Das sollten wir auch immer allen anderen zugute halten. Rückblickend können wir nie die Ereignisse, also die Umstände verändern. Rückblickend können wir nur unsere Einstellung dazu verändern.

Doch uns interessiert ja nicht der Rückblick, sondern unser Leben ab jetzt, also Gegenwart und Zukunft. Hier kann unsere bewusste Einstellung und Bereitschaft für uns und den Ablauf der Ereignisse ganz wesentlich sein.

Je bewusster wir mit einer Krise umgehen, desto stärker können wir die verschiedenen Aspekte und Ebenen erkennen. Es ist so leicht, sich in einer Krise als hilfloses Opfer zu empfinden. Natürlich können wir unter dem einen oder anderen Aspekt tatsächlich zunächst ein Opfer der Umstände sein. Doch niemals hat eine Situation nur diesen einen Aspekt oder diese eine Ebene. Wenn wir bereit sind, offener und verantwortungsvoller dieselbe Situation aus einem größeren Blickwinkel anzuschauen, entdecken wir immer auch andere Ebenen und Aspekte. Nur so sehen wir das Licht in der Situation wieder!

Bei der Trennung von meinem Mann gab es die Möglichkeit, mich bindungslos, einsam und ohne meine Lebensinhalte als das weibliche Trennungsopfer in einer chauvinistischen Welt voller geschäftlicher Vorteilsdenker zu sehen. Es gab einige Frauen mit dieser Haltung, die mich nur allzu gern für ihren »Club der Klageweiber« gewonnen hätten. Doch obwohl ich Phasen von tiefer Trauer, Wut und anderen heftigen Emotionen durchlaufen habe, wählte ich ganz bewusst, nicht zu den jammernden und klagenden, ohnmächtigen Frauen gehören zu wollen.

Stattdessen suchte ich nach den positiven Aspekten meiner Situation. Ich entdeckte die einmalige Freiheit, die mir das Leben durch die Situation anbot. Von den Coachings mit meinen Klienten wusste ich, wie viele von ihnen sich gerade nach dieser Freiheit sehnten. Viele, besonders Männer, sehen sich ab ihren Vierzigern oft total gefangen in der Versorgungsfalle, wo das Haben einer Familie das ständige Tun in einem Beruf und das Haben einer einträglichen Stellung bedingen. Das bedeutet für viele besonders in der Lebensmitte, wenn die eine oder andere Sinnkrise auftaucht, eine sehr schmerzhafte Erkenntnis der eigenen Unfreiheit. Oftmals ist damit auch noch die Bindung an ein Haus und einen festen Wohnort, also auch eine örtliche Unfreiheit verbunden.

Ich selbst hatte aufgrund meiner Krise in meinem Leben gleichzeitig das Geschenk der großen Freiheit bekommen. Nachdem ich mit meiner Erkenntnis so weit gekommen war, konnte ich mit einem Mal auch all die anderen Möglichkeiten und positiven Chancen meiner Situation erkennen. Es war, als hätte ich mich selbst am Schopf gepackt und aus der Dunkelheit nach oben ins Licht gezogen. Das war die neue Geburt des Phönix. Es geht also um eine, um deine Entscheidung. Deine Entscheidung bestimmt die entscheidende Wendung.

Ohnmacht oder Macht?

Doch vor der Entscheidung zwischen Dunkelheit und Licht oder Tatkraft und Opfer-Status liegt die grundsätzliche Entscheidung, die wir alle treffen müssen: die Entscheidung zwischen Ohnmacht und Macht. Bedenke dazu immer die folgende Weisheit: Wenn du nicht entscheidest, hast du damit gerade entschieden, dass andere für dich entscheiden.

Schau dir einmal die folgende Gegenüberstellung der beiden Pole genau an:

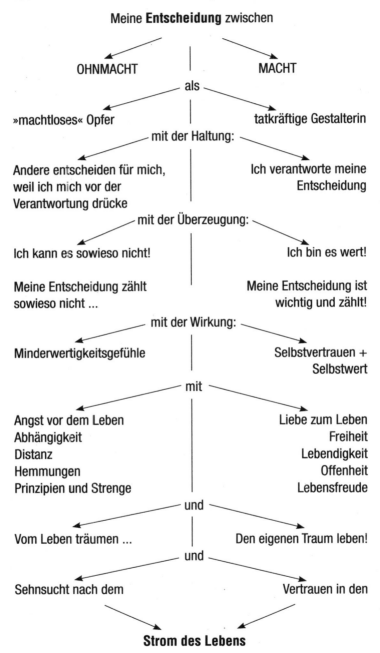

Ohnmacht oder Macht? 147

Nun, Majestät, wie fällt nach dieser Gegenüberstellung die Entscheidung aus? Die Entscheidung zwischen Ohnmacht, also Ohne-Macht, und Macht ist nach dem Abwägen aller Vor- und Nachteile wahrscheinlich für jede von uns eindeutig und klar. Warum haben wir dann solche Schwierigkeiten damit, die Macht für uns anzunehmen?

Macht ist oftmals ein negativ besetzter Begriff. Sprichworte wie: »Macht macht böse!«, und: »Wer die Macht hat, hat das Sagen!«, und die vielen Konfrontationen mit tatsächlichem Machtmissbrauch haben diesen Wert nicht erstrebenswert gemacht. Dies fühlen ganz besonders wir Frauen, die jahrtausendelang und in manchen Ländern bis heute unter der Macht der männlichen Machthaber zu leiden hatten und haben.

Hinzu kommt ein sehr interessantes Phänomen, das alle Frauen in Führungspositionen außerhalb der Familie kennen: Macht wird ausschließlich Männern zugesprochen. Macht bei Frauen wird als Makel, beinahe als Charakterfehler, auf jeden Fall als unweiblich betrachtet. Das ist deshalb ein Phänomen, weil wir Mädchen und vor allen Dingen auch die Jungen als ersten Machtmenschen in unserem Leben die Mutter, also eine Frau erlebt haben. Die Macht der Frauen in der Familie wurde kulturübergreifend schon immer anerkannt. Sie prägte unsere Kindheit. Der Unterschied scheint darin zu liegen, dass diese »häusliche Macht« in dem Territorium liegt, wo der Vater sich am wenigsten aufhält. Betreten wir Frauen dagegen das von Männern dominierte Territorium der Berufswelt, wird uns in den meisten Fällen sogar schon der Anspruch auf Macht abgesprochen. Spontane Befragungen bei Männern und Frauen zeigen, dass sie oft zwar intellektuell die Fähigkeiten der Frauen anerkennen, aber auf die direkte Frage nach einer bestimmten Frau, die sich für die Position der Chefin, der Bundeskanzlerin, der Präsidentin der Vereinigten Staaten oder Ähnliches bewirbt, dieser Frau ganz einfach die Fähigkeit dazu absprechen, mit der Begründung, sie würden dies einer Frau nicht zutrauen. Frauen, die sich dann trotzdem durchbeißen, werden leicht als »Flintenweiber«, als zu ehrgeizig, kalt, gefühllos und machtbesessen abgeurteilt.

Natürlich können viele von uns trotzdem erfolgreiche Karrieren aufbauen, Führungspositionen erreichen und hervorragend dort arbeiten, aber wir werden auch noch immer mit diesen negativen Meinungen konfrontiert. Selbst wenn wir dann einmal dort »oben« angekommen durch unsere Leistungen überzeugen, können diese Kommentare und Ablehnungen trotzdem verletzen. Besonders wenn wir parallel zu unserer Karriere in unserer Liebesbeziehung gern weiterhin unsere weibliche Seite als Frau leben.

Im privaten Leben als Frau, vor allen Dingen in unseren Liebesbeziehungen, erleben wir es ähnlich. Hier gilt weibliche Ohnmacht als sexy, weibliche Macht dagegen ist nicht sexy. Frauen, die schwach und hilfebedürftig erscheinen, erobern die Herzen der ritterlichen Männer im Sturm. Frauen, die alles selbst können und nicht um Hilfe bitten, können Männer dagegen bis zur Erektionsstörung frustrieren und entmutigen. Männer mit Macht wiederum sind sehr sexy. Ohn-mächtige Männer, Männer ohne Macht, sind traurige Verlierer. Dies erklärt die beeindruckenden Erfolge, die viele äußerlich wirklich unattraktive Männer, die aber in beeindruckenden Machtpositionen sind, bei höchst attraktiven Frauen, die wirklich wählen können, haben. Untersuchungen haben auch gezeigt, dass das sexuelle Begehren von Seiten der Frau bei Männern, die ihre Karriere und damit ihre Macht im Beruf für die Position des Hausmannes und Vaters aufgegeben haben, erheblich nachlässt. Das lässt sich alles bestimmt biologisch begründen. Auf jeden Fall hat das Auswirkungen auf unser weibliches Verhältnis zur Macht.

Mir erscheint diese Betrachtungsweise jedoch zu einfach. Warum definieren wir den Begriff Macht nur männlich? Macht, mächtig – der Begriff ist sehr alt und hat seine Wurzeln in dem Wortstamm »mögen, können, vermögen«, also etwas zu tun vermögen. Das können wir alle unabhängig vom Geschlecht. Trotzdem gibt es nach meiner Erfahrung Unterschiede zwischen dem männlichen und dem weiblichen Machtverständnis: Für Männer bedeutet der Zugang zur Macht eine Absage an deren vermeintlichen Gegenpol, die Liebe. Macht und Liebe scheinen für Männer unvereinbar zu sein. Das liegt daran, dass sie Liebe mit Weichheit und diese mit Schwäche gleichsetzen. Dagegen bedeutet Macht für sie Durchsetzung, und diese erfordert Stärke. Außerdem folgt dieser Argumentation die Annahme, dass Liebe weiblich ist. Und welcher starke Mann möchte schon in irgendeinem Zusammenhang als weiblich gelten? So bleiben Macht und Liebe streng getrennt voneinander, was nach meiner Erfahrung in meinen Coachings mit Managern und Politikern in Machtpositionen sehr oft eine emotionale Verarmung im Beziehungsleben zur Folge hat.

Wir Frauen dagegen, die wir nicht so linear an unser Leben herangehen, sondern die Vielschichtigkeit menschlicher Beziehungen in ihrer Komplexität erfassen und zulassen können, wissen um die Stärke der Liebe und die Schwächen der Macht. Oftmals erkennen wir das aber nur bei den Männern in unserem Leben. Wenn es jedoch darum geht, für uns selbst die Entscheidung für unsere Macht im Leben zu treffen, treten wir aus Angst davor, nicht mehr anerkannt und geliebt zu werden, dann häufig nicht für unsere Macht an.

Manche Frauen treten zwar sehr dominant und machtvoll auf und bringen damit ihren Mann in eine weiblich erscheinende Position, doch nehmen sie sich oft selbst nicht so wahr und erscheinen vor allen Dingen außerhalb der eigenen vier Wände nach wie vor gern als die Frau eines Mannes, der das Sagen hat. In anderen Beziehungen kann es sogar manchmal so weit gehen, dass die Frauen einen machtvollen Mann als Partner haben, der sich eindeutig für die Macht nach männlicher Definition entschieden hat und zusätzlich die »Aufgabe Liebe« an seine Frau delegiert hat, weil die Liebe ja eine Schwäche und weiblich ist. Wenn wir eine solche Aufgabenteilung annehmen, bestätigen wir damit die Behauptung, das Macht nur männlich und Liebe weiblich ist ... und sitzen in der Falle! Denn damit werden wir zur Generalbevollmächtigten in Beziehungsangelegenheiten und nehmen uns selbst gleichzeitig die Macht der Entscheidung in anderen Belangen weg. Die haben wir nämlich ihm überlassen.

Aber: eine Königin ohne Macht? Undenkbar! Hier hätten wir ein Problem! Es geht darum, die »entscheidende« Macht für uns zu beanspruchen und anzunehmen, das heißt unsere eigene Lebens- und Tatkraft anzuerkennen und mit Verantwortung einzusetzen, das heißt gleichzeitig ebenso mit der Liebe verbunden zu bleiben, und somit eine neue weibliche Allianz von Macht und Liebe zu leben. Einfacher gesagt: als machtvolle Frau absolut weiblich sein!

Dazu gehört, die Emotionalität, die uns Frauen ja immer wieder zugeschrieben wird und die wir so oft bei unseren Männern gerade in den Krisen des Lebens vermissen, zu leben und zu zeigen. Wie oft auch behauptet wird, dass Tränen und heftige Gefühle Schwächen seien, sind sie doch stattdessen ein Ausdruck von tatsächlicher Stärke. Nur wer Mut genug dazu hat, verkriecht sich nicht heimlich, sondern steht dazu, ein Mensch mit Gefühlen zu sein! Wir können auch damit Pionierinnen sein, denn erzogen wurden wir meist noch mit dem Anspruch daran, Haltung nach außen zu zeigen, was leider Verklemmung für unser Inneres bedeutete. Jetzt können wir bewusst freier damit umgehen als ermutigendes Beispiel für unsere Umgebung. Emotionalität verbunden mit Tatkraft, als positiv gelebte Macht, ist ein wunderbar kraftvoller Ausdruck von gesundem menschlichen Leben. Ich glaube sogar, dass nur so das noch immer negativ belastete Machtverständnis eine positive Neudefinition erfahren kann.

Gerade jetzt zu Beginn unseres zweiten Lebens, sind wir Frauen mit unseren Erfahrungen aus den frühen Jahren, jedoch ohne deren Verpflichtungen geradezu prädestiniert, ja gefordert, diesen Ausdruck weiblicher Reife erfahrbar zu machen. Anstatt wegen der Menopause in die Unscheinbarkeit der mittelalterlichen Frau zu gehen, können wir bewusst eine attraktive reife Weiblichkeit demonstrieren. Anstatt auf unsere Macht und deren Anwendung zu verzichten, weil wir sie schon so oft aberkannt bekommen haben, sie uns haben nehmen lassen und es uns nun vielleicht selbst nicht mehr zutrauen wollen, genießen wir ganz klar – mit dem vollen emotionalen Spektrum von spielerischer Leichtigkeit bis zu gleichzeitiger Tiefe und Mitgefühl für unsere Umwelt – unsere Kraft im Strom des Lebens.

Majestät, der Thron wartet! Wie lange willst du ihn warten lassen?

Die Haltung der Königin in der Krise

Fassen wir noch einmal zusammen: Krisen sind ein sicherer Bestandteil unseres Lebens. Sie entziehen sich völlig unserer Planung und Kontrolle. Trotzdem versuchen wir es immer wieder und geben sehr viel Kraft darauf, sie möglichst zu vermeiden. Manchmal glaube ich, dass wir diese Kraft viel besser erst dann einsetzen sollten, wenn der Strom des Lebens uns in eine seiner Stromschnellen gebracht hat. Wenn die Krise dann da ist, ist es entscheidend, wie wir damit umgehen.

In meinen Seminaren und Beratungen nehme ich gern das Beispiel eines Parcours beim Springreiten. Die Hindernisse sind die Krisen. Ich sage immer, dass das Leben wie ein Spring-Parcours ist. Wenn du daran teilnimmst, kannst du nicht die Hindernisse wegräumen oder darum herumreiten, sondern du musst sie ansehen und annehmen, um dich dann voll und ganz darauf zu konzentrieren, wie du sie reitest und springst. Im Sport gibt es genau hierfür die Punkte und Auszeichnungen. Nur so kommst du weiter. Auch in unserem Leben müssen wir von Zeit zu Zeit große Sprünge wagen. Ist es nicht so?

Wenn also unser Hindernis, die Krise, auftaucht, hilft es nicht, den Kopf in den Sand zu stecken. Genauso wenig hilfreich ist wilder Aktionismus. Das Einzige, was uns wirklich weiterbringt, ist das Anschauen und die Bereitschaft zur Auseinandersetzung damit. Beim Springreiten wird davon gesprochen, dass der Reiter das Pferd vor dem Hindernis versammelt, was eine totale Fokussierung auf den Sprung bedeutet, die sogar oft sichtbar in einer Verlangsamung der Bewegung und einem Zusammennehmen der Muskelkraft von Pferd und Reiter wird.

Diese Ver-Sammlung ist auch für uns ein wesentlicher Schlüssel. Übertragen bedeutet es, dass wir uns Zeit und Raum für die Erkenntnis und Emotionalität der Situation nehmen. Wir wissen aus unserer Erfahrung, dass dieser Prozess manches Mal zunächst in Wellen von Akzeptieren und Widerstand, Schmerz und Verhandeln verläuft. Die Erfahrung hat uns auch gezeigt, dass das Auf und Ab zum lebendigen Rhythmus des Lebens gehört und dass es nach jeder Talfahrt wieder bergauf geht. Also sollten wir den Prozess akzeptieren.

Wichtig ist, dass du dir selbst und anderen Menschen in deiner Krise erlaubst, dich zu unterstützen. Nimm Zuwendung, Unterstützung, Hilfe und Liebe an. Wenn nicht jetzt, wann dann? Bist du nicht genauso bereit, dies anderen

Die Haltung der Königin in der Krise   153

Menschen auch zu geben, wenn sie in einer Krise stecken? Lass es zu und genieße die Erfahrung, nicht allein zu sein. Liebevoll tatkräftige Menschen aus unserer Familie und Freunde, die uns in unserer Krise begleiten, bauen uns in der Zeit, in der wir unsere kleinen Tode sterben, eine Brücke zum Leben. Das ist sehr wertvoll.

Wähle allerdings auch hier bewusst, wer dich wirklich unterstützen will und wer vielleicht nur auf der Suche nach einem weiteren »Opfer« als Mitbewohner für sein Jammertal ist. Die »Ohnmächtigen« am Ufer vom Strom des Lebens sind eine zahlreiche und sehr anhängliche Sekte. Sie halten dich nur allzu gern fest, unterbrechen oder stoppen deine Transformation, damit sie selbst ihren eigenen Weg nicht antreten müssen. Jede weitere Entschuldigung, und eine solche kannst du für sie sein, kommt ihnen gerade recht.

Achte deswegen auf die *tatkräftige* Unterstützung derer, die sich mit dir im Strom des Lebens befinden. Mit Unterstützung und etwas Rückendeckung kannst du dich besser auf das Wesentliche konzentrieren, also darauf, die Entscheidung zu treffen, in deine Kraft hineinzugehen und deine Macht anzunehmen. Erst nach dieser Entscheidung stellst du dich der eigentlichen Krise. Wenn du dich nun für das Licht und gegen die Dunkelheit entscheidest, setzt du selbst die Kraft frei und bekommst zusätzlich die kraftvolle Unterstützung durch das Leben, um die anstehenden Schritte deiner Entwicklung mit allen ihren Stufen zu durchlaufen.

Es geht hier nicht darum, dass du deine persönlichen Heldensage schreibst, als Gegenstück zur Rolle des hilflosen Opfers. Die meisten Helden oder besser Heldinnen landeten im Grab und bekamen ihren Heldenstatus postum verliehen. Na, vielen Dank! Uns geht es hier darum, dass du deinen eigenen tatkräftigen und mutigen Weg zwischen diesen beiden Polen findest. Dann wird jede

Krise zu einem natürlichen Bestandteil und Prozess deines Lebens und deiner Entwicklung. Du bist im Fluss.

Wie können uns die Archetypen hierbei unterstützen? Die wesentliche Frage gilt auch während einer Krise: Was würde hier und jetzt die Königin tun? Ja, was tut eine Königin, wenn eine Krise, vielleicht ein Angriff, ein Krieg, eine Katastrophe oder Ernte- und Handelsprobleme, über ihr Reich kommt? Sie beruft eine Konferenz ein. Sie bittet ihre Ratgeber, Fachleute und Unterstützer an den großen Tisch. Du kannst das sowohl im realen Sinn mit den für dich dafür wichtigen Menschen tun als auch eine »virtuelle Konferenz« mit deiner Königin, deiner Kriegerin, deiner Vermittlerin und deiner Künstlerin einberufen. In beiden Fällen gilt, dass du ihnen und ihren Einschätzungen aufmerksam zuhörst. Sie stehen dir mit ihrem Rat zur Verfügung. Also frage und höre. Danach wägst du die verschiedenen Vorschläge gegeneinander ab, spürst in dich hinein, wobei du die stärkste Resonanz empfindest, und entwickelst daraus die nächsten Schritte.

Sei offen dafür, dies jederzeit zu wiederholen, ob nun mit der real existierenden oder der virtuellen Konferenz. So macht es auch eine gute Königin. Sie stimmt sich immer wieder erneut mit ihren Ratgebern ab. Dabei steht es außer Frage, dass sie allein die Entscheidungen trifft.

Der Begriff »Entscheidung« geht übrigens in seiner Wortwurzel auf eine Schwertschneide zurück. Damit wird ausgedrückt, dass bei einer Entscheidung das Schwert die verworfenen Anteile abtrennt. Es bleibt nur das, wofür wir uns entschieden haben. Wir scheuen häufig vor Entscheidungen zurück, weil wir Angst haben, falsch zu entscheiden. Dies wiegt doppelt schwer, weil wir in unserem Anspruch auf Perfektion glauben, dass jede Entscheidung gleich für die Ewigkeit gelten muss. Was ist, wenn ich immer nur gerade die nächsten Schritte, die ich aus meinem derzeitigen Wissensstand heraus verantworten kann, entscheide? Um dann zum gegebenen Zeitpunkt erneut, auf dem neuen Wissensstand, eine weitere Entscheidung zu treffen. Klingt das nicht viel entspannter? Und vor allen Dingen auch sinnvoller? Ich empfehle das sehr. Dies ist übrigens auch das Geheimnis erfolgreich arbeitender Manager.

Für kluge Königinnen sollte es selbstverständlich sein.

Von Prinzen und Königen

Was es ist

Es ist Unsinn
sagt die Vernunft
Es ist was es ist
sagt die Liebe

Es ist Unglück
sagt die Berechnung
Es ist nichts als Schmerz
sagt die Angst
Es ist aussichtslos
sagt die Einsicht
Es ist was es ist
sagt die Liebe

Es ist lächerlich
sagt der Stolz
Es ist leichtsinnig
sagt die Vorsicht
Es ist unmöglich
sagt die Erfahrung
Es ist was es ist
sagt die Liebe
*Erich Fried**

---

* Erich Fried, *Es ist was es ist*, Verlag Klaus Wagenbach 1983, Seite 43.

Ja, jetzt geht es um die Liebe. Und es geht um unsere Männer – die Prinzen und Könige in unserem Leben. Was wäre unser Leben ohne die Männer? Egal, welche archetypische Struktur dir in dir bewusst geworden ist, Männer spielen als Vater, Bruder, Sohn, Liebhaber und Lebenspartner, Freund und Kollege, Machthaber und Autoritätsperson in deinem Leben eine wesentliche Rolle. Hier geht es jetzt um die Männer, die dein Herz erobert haben.

Wir Frauen sind so stark. Dies wird uns besonders oft von Männern zugesprochen. Dennoch haben wir eine große Schwäche – Männer!

Wenn du in einer gleichgeschlechtlichen Beziehung lebst, gab und gibt es trotzdem viele Männer, wichtige Männer, in deinem Leben, und in deiner Partnerschaft lebt eine von euch beiden eher den männlichen Archetypus. Da kann die vergleichende Betrachtung zum heterosexuellen Aspekt interessant sein.

Fest steht: Männer sind anders. Anders als wir Frauen. Das macht auch den Reiz aus. Und mit dem Reiz ist es genauso zwiespältig wie mit den Männern. Es kann etwas ganz besonders reizvoll sein, uns also im positiven Sinne reizen. Es kann uns aber auch etwas bis aufs Blut reizen, also einen negativen Reiz für uns haben. So können wir auch in einer jungen Liebe etwas an unserem Partner ganz reizend finden, was uns einige Jahre später bis zur Aggression reizt. Wir alle haben dieses Phänomen schon erlebt.

Was macht nun die Männer so anders? Wo sind die Gemeinsamkeiten bei so vielen Unterschieden? Unsere Beziehungen heutzutage mögen kompliziert sein oder so erscheinen, und mit Sicherheit spielen sie sich auf den verschiedenen Ebenen unserer vielschichtig geworden Persönlichkeiten ab. Aber wir können doch die meisten Bereiche unserer grundsätzlichen Andersartigkeit nach wie vor von unserer einfachen biologischen Grundfunktion ableiten.

Als Frauen stellen wir die reifen Eizellen bereit und warten dann empfänglich auf die bestmögliche männliche Befruchtung. Dabei liegt unser Interesse darin, vom stärksten und besten Mann befruchtet zu werden. Wenn wir schon Leib und Leben riskieren, und dies tun wir bei einer Schwangerschaft ja tatsächlich, dann wollen wir starkes und gesundes neues Leben schaffen. Schließlich geht es um den Fortbestand unserer Art.

Durch unseren Anspruch an die Qualität der Spermien fordern wir Frauen einen Wettkampf und eine Hierarchie bei den Männern heraus. Männer vergleichen sich untereinander, streiten miteinander und kämpfen oft sogar, um ihren Anspruch durchzusetzen. Jeder von ihnen möchte gern der Beste sein und sein Erbgut weitergeben. Das ist ihr Vermächtnis, das, was sie nach ihrem Tod in dieser Welt hinterlassen. Sie wollen Spuren, einen prägenden Eindruck hinterlassen. Vielleicht ist dies für sie so wichtig, weil sie selbst keine Kinder bekommen können. Es wird nämlich besonders deutlich bei Männern, die zeugungsunfähig sind und sich deswegen oft ganz besonders darum bemühen, auf irgendeine andere Art der Welt ihren Stempel aufzudrücken.

Natürlich klingt dies für unsere heutigen Lebensverhältnisse alles sehr vereinfacht und nur auf den Fortbestand der Art reduziert. Doch dies sind die biologischen Wurzeln des Säugetiers Mensch, die unser Verhalten geprägt haben. Und trotz Computer, Auto, Raumfahrt und Telefon erfüllen wir noch immer unseren bio-logischen Auftrag der Fortpflanzung.

Daraus ergibt sich weiter, dass wir Frauen naturgemäß auf unsere Kinder, die Familie und das Zusammenleben im direkten Umfeld konzentriert sind, während die Männer außerhalb der häuslichen Welt auf Beute für die Gemeinschaft und Verteidigung des Lebensraumes ausgerichtet sind. Unser Fokus fördert die Entwicklung der sozialen

Fähigkeiten. Der Fokus der Männer fördert ihre Fähigkeiten in der Abgrenzung und im Kampf. Wir schulen unsere Aufmerksamkeit für eine Sensibilität im harmonischen Miteinander. Sie bauen ihre Wachsamkeit gegen Angriffe von außen aus. So streben die Männer nach Autonomie. Wir Frauen dagegen streben nach Beziehung. Schon hierdurch ergibt sich eine Spannung, weil dies zwei scheinbar unvereinbare Pole sind.

Die gegensätzlichen Ausrichtungen, Autonomie und Beziehung, bestimmen auch die unterschiedlichen Verhaltenswerte. Während für uns Frauen Fürsorge und Verantwortung füreinander wichtige Werte im Zusammenleben sind, stellen die Männer Rechte, Gesetzmäßigkeiten und Gerechtigkeit im sozialen Umgang und bei ihren Geschäften in den Vordergrund. Ein wenig erscheint es so, als würden die Männer die Umgangsformen, also die sozialen Strukturen, schaffen und verteidigen, während wir Frauen sie mit Gefühlen und gelebtem menschlichen Zusammenleben ausfüllen. Form und Inhalt – zwei sehr unterschiedliche Zugänge zum Leben.

Der amerikanische Autor John Gray hat dies in ein einprägsames Bild gepackt, indem er in seinen Büchern und Buchtiteln davon spricht, dass Männer vom Mars stammen, also dem Planeten, der dem archetypischen Kriegsgott Mars zugeordnet wird, und die Frauen vom Planeten Venus, also dem Planeten der archetypischen Liebesgöttin. Zwei weit voneinander entfernte Planeten sind ein starkes Bild für die unterschiedlichen Blickwinkel im selben Universum. Die Erfahrungen, die wir im Zusammenleben und ganz besonders bei Missverständnissen und Auseinandersetzungen mit unseren Männern machen können, bestätigen diesen Ansatz nur. Den Männern auf der anderen Seite ergeht es aus ihrem Blickwinkel heraus mit uns ebenso.

Mich fasziniert dabei immer wieder, wie die Männer aufgrund ihrer Ausrichtung auf Beute und Kampf mit Problemen und deren Lösungen umgehen. Wir Frauen haben eine regelrechte Weitwinkel-Wahrnehmung, wir bekommen alles um uns herum und noch dazu auf mehreren Ebenen mit. Männer dagegen fixieren ihre Wahrnehmung, besonders wenn sie sich herausgefordert fühlen, linear auf einen Punkt, der häufig sogar in der Ferne liegt, und schalten alle anderen Einflüsse um sich herum einfach aus. Diese spezielle Wahrnehmung kann zu dem bekannten männlichen Phänomen führen, dass er vor dem geöffneten Kühlschrank steht, hineinschaut und laut rufend fragt, wo er denn den gesuchten Leckerbissen finden kann, obwohl ihn dieser direkt vor seiner Nase anlacht. Bei ernsteren Situationen, beispielsweise einem Problem, dass er mit uns in der Beziehung hat, erkennt er zwar das Problem, weil er direkt damit konfrontiert ist, er stellt aber keinerlei Verbindung zu irgendwelchen begleitenden Umständen oder aber auch ähnlichen Situationen in Vergangenheit und Gegenwart her. Sein Bestreben zielt darauf, schnellstmöglich eine Lösung für das akute Problem zu liefern oder aber die zweite biologische Möglichkeit zu wählen, die sich bei eindeutig stärkeren Gegnern empfiehlt, nämlich zu flüchten. Selbstverständlich ist die erste Variante, in der er eine Lösung präsentiert, die für ihn attraktivere. So fühlt er sich gut und kann mit Stolz über seine Leistung, sich dem Problem tapfer und erfolgreich gestellt zu haben, davonspazieren, frei nach dem Motto: »Gefahr erkannt – Gefahr gebannt!« Das Problem hat er nun »gelöst = vergessen« und hinter sich gelassen, sein Blick ist jetzt wieder nach vorn gerichtet – der famose Tunnelblick der Männer.

So bekommen sie oft über Jahre nicht mit, dass wir Frauen diese Situationen vielleicht nicht als umfassend geklärt betrachtet haben, weil sie für uns vielschichtiger und vernetzter waren. Häufig bleiben wir deshalb mit Frust und Traurigkeit, manchmal auch Wut, zurück. Anstatt nun aber diese negativen Gefühle loszulassen, haben wir

Frauen die fatale Neigung, sie in uns aufzubewahren und anzuhäufen, mit dem besten Gedächtnis für alle Details! Und so ist es dann eines Tages soweit: Der letzte Tropfen, der das Fass zum Überlaufen bringt, ist da und der erstaunte Mann hat keinerlei Ahnung, woher und warum diese so »plötzliche« Flutwelle über ihn hereinbricht. So oft sind Männer völlig fassungslos, wenn ihre Frau dann eine Beziehung mit einem anderen Mann beginnt oder ihn, aus seiner Sicht von heute auf morgen, verlässt.

Ich erinnere mich an eine besonders eindrucksvolle Geschichte, die ich einmal erzählt bekam: Die Ehefrau hatte einen Mann, der sich um nichts kümmerte, was natürlich zu ständigen Frustrationen bei ihr und zu versuchten Auseinandersetzungen führte. Ein besonderer Reibungspunkt waren die vielen Bücher, die er in der Bibliothek auslieh und trotz der gesetzten Leihfristen nie zurückgab. Nach einiger Zeit sagte sie ihm, dass sie diese Bücher nicht mehr zurückbringen würde. Doch auch dies änderte nichts. Die Bücher begannen sich zu stapeln. Und so legte sie eines Tages die Bücher gestapelt auf den Boden und beschloss, ihren Mann an dem Tag zu verlassen, an dem der Bücherstapel die Zimmerdecke erreichen würde. Der Tag kam, sie schob das letzte Buch in den Stapel, und sie ging. Er war zutiefst verstört und geschockt.

Mit ihrer männlichen Sichtweise nehmen Männer alle Zeichen und Ankündigungen, die jede Frau als Alarmzeichen erkennen würde, nicht wahr. Okay, sie hat vielleicht genörgelt, aber den Nörgeleien einer Frau kann ein Mann mit dem unerschütterlichen Blick für das Wesentliche ausweichen. Er verkennt sogar oft die Situation, wenn die Nörgeleien eines Tages aufhören – er glaubt, sie hätte sich eines Besseren besonnen. Doch fast immer ist sie »noch in der Beziehung«, so lange sie die Auseinandersetzung sucht. Wenn sie irgendwann nichts mehr sagt, ist sie oftmals bereits aus der Beziehung ausgestiegen.

Ein Aussteigen aus der Beziehung kann sowohl aktiv als auch passiv stattfinden. Viele, vor allem langjährige Paare leben noch zusammen unter einem Dach und verdecken mit ritualisierten Ess- und Schlafgewohnheiten, scheinbar gemeinsamen TV-Abenden und Familien- und Bekanntenkontakten die Erkenntnis, dass sie sich als ehemalige Liebespartner und als Mars und Venus inzwischen in keiner Weise mehr inspirieren. Sie liest Herz-Schmerz-Romane, weint und seufzt bei jeder noch so schlechten TV-Schmonzette und allen Liebesfilmen, ob nun aus Hollywood oder Bollywood. Er tobt seine Männlichkeit als zuschauender Under-Cover-Gladiator in sämtlichen im Fernsehen gezeigten Sportarenen der Welt aus und flirtet als an die Eheleine gebundener Schwerenöter mit den Frauen in seiner Umgebung. So vermeiden beide, die Erkenntnis der erloschenen Liebe anzunehmen, und erzählen, falls jemand etwa in dieser Richtung zu fragen beginnt, sofort und ohne echte Überzeugung, dass sich natürlich die Liebe im Laufe der Jahre verändern und irgendwie beruhigen würde.

Aber es fällt nicht nur den Männern schwer, die Zeichen zu lesen und zu verstehen, auch wir Frauen haben manchmal unsere Schwierigkeiten damit. Ein Mann, der immer mehr Termine, Dienst- und Geschäftsreisen, Aktivitäten und Treffen außerhalb hat und sich zu Hause in sein Zimmer oder seinen Hobbyraum, vor den Fernseher oder Computer zurückzieht, sendet auch Signale. Natürlich brauchen wir alle, Männer und Frauen, unsere zeitlichen und räumlichen Freiräume. Wenn aber unser König ganz offensichtlich kein Interesse an Gemeinsamkeiten mit uns hat und sogar davor flüchtet, bedeutet dies nicht unbedingt gleich, dass er schon eine andere Frau im Sinn hat, es sollte uns aber auf jeden Fall aufmerksam für unsere Beziehung machen.

Wir täten gut daran, uns gegenseitig aufmerksam und bewusst ernst zu nehmen und wirklich aufeinander zu achten, das heißt uns gegenseitig in unserem Lebensausdruck ernsthaft zu achten. Beobachten beinhaltet Obacht und Achten. Dies gilt für den Partner und für uns selbst. Wenn wir uns beobachten, werden wir trotz unserer unterschiedlichen Lebenszugänge besser und natürlicher miteinander umgehen können.

Wir, Männer und Frauen, sind einfach aufgrund unserer natürlichen Bestimmung unterschiedlich. Dass diese Unterschiede größer sind als der sogenannte kleine Unterschied, ist wohl inzwischen unumstritten. Je schneller und widerspruchsloser wir akzeptieren, dass die Unterschiede quasi naturgegeben und beabsichtigt sind, umso besser können wir uns auf die daraus entstandenen Vorteile konzentrieren und sie vor allen Dingen genießen! Niemals fühlen wir uns rundherum so weiblich, attraktiv und sinnlich wie zu dem Zeitpunkt, an dem wir uns zu einem männlichen Gegenpol, einem für uns attraktiven Mann, der dieselbe Anziehung spürt, hingezogen fühlen. Ihm ergeht es ebenso, er fühlt sich durch unsere Weiblichkeit in seiner Männlichkeit gestärkt. Wenn die beiden Pole in ihrer Energie gestärkt werden, entsteht diese wunderbare Spannung, zu der das Extra-Herzklopfen und die Schmetterlinge im Bauch gehören und die wunderschöne Weltliteratur, die Filme zum Dahinschmelzen, anrührende Gedichte und die schönsten Lieder hat entstehen lassen. Wann hast du es zum letzten Mal erlebt? Wie lange ist das her? Wie groß ist deine Sehnsucht danach?

Wie sieht's aus zwischen Königin und König?

Nun gibt es verschiedene Möglichkeiten, wie eine Königin zu ihrem König steht. Du kannst momentan solo sein oder gebunden. Wenn du in einer Beziehung lebst, gibt es verschiedene Möglichkeiten: Entweder bist du verheiratet oder ihr lebt ohne Trauschein zusammen. Bei der zweiten

Möglichkeit kann er auch noch mit einer anderen Frau verheiratet sein. Die Beziehung mit dir ist dann entweder geheim oder offiziell. Eventuell hast auch du mehrere Männer parallel in deinem Leben. Vielleicht besteht deine Ehe oder Beziehung schon sehr lange oder es ist die zweite oder eine von mehreren Beziehungen, die du im Laufe deines Lebens hattest. Das sind wohl so die Möglichkeiten einer Beziehung in der Lebensmitte. Egal wie – bist du glücklich in deiner Situation? Wenn ja, woran merkst du das? Ich gebe dir jetzt ein paar Fragen, die du beantworten solltest, wenn du deine Beziehung aus der Perspektive der Königin einmal genauer anschauen möchtest. Wenn du derzeit allein lebst, kannst du bei der Beantwortung der Fragen gern deine Erfahrungen aus deiner letzten längeren Beziehung dafür nehmen.

Die Übung zur Partnerschaft
Wovon träumst du? Vor allem, wenn du dich derzeit nicht so glücklich fühlst.
Wie läuft es in deiner Beziehung im Bezug auf Gespräche, gemeinsame Zeit, gemeinsame Interessen, Erotik und Seelennähe?

Wie viele Punkte hast du deiner Beziehung beim ersten Durchgang in der Übung zu den Lebensbereichen im Kapitel *Was wir schon immer wussten ...* gegeben? Und wie viele Punkte bei deiner Wunschvorstellung, im zweiten Durchgang?

Ist ER dein König?
Oder ist der Mann an deiner Seite noch immer ein Prinz?
Weißt du oder glaubst du, dass er glücklich ist?

Was hast du anzubieten?

Bist du eine attraktive Königin?
Wie ist dein Verhältnis zu anderen Männern?

Welche Sehnsüchte hast du?
Was ist deine größte Angst in der Partnerschaft?
Was ist dein größter Wunsch für eine Partnerschaft?

Beantworte diese Fragen spontan aus dem Bauch heraus. Deine ehrlichen und direkten Antworten bringen dich hier am weitesten. Wenn du magst, kannst du auch gern deine Antworten notieren. Das kann bei der Menge der Fragen durchaus sinnvoll sein. Und vielleicht machst du dir dazu wieder eine schöne Musik an. Wie wär's mit deinen schönsten Liebesliedern?

Wichtig ist bei dieser Übung, was du dir ab jetzt und für deine Zukunft wünschst. Dabei geht es nicht darum, wie eine romantische und launische Prinzessin einfach trotzig einen Wunschzettel zu erstellen, sondern als kluge Königin ehrlich in dich hinein zu schauen und klar abzuwägen, was du wirklich und tief in deiner Liebesbeziehung spüren willst und was du gleichzeitig bereit bist zu geben. Eine gesunde Liebe hat eine gesunde Balance von Geben und Nehmen. Nirgendwo kommt es so entscheidend auf diesen ausgewogenen Kreislauf an, wie in der Liebe zwischen zwei Menschen. Es ist ein Kreislauf von:

- Geben und Nehmen
- offener Hingabe und offener Bereitschaft
- Großzügigkeit und Teilnahme

Deswegen habe ich auch das Gedicht über die Liebe an den Anfang dieses Kapitels gestellt. Dort ist die Rede von Vernunft, Angst, Vorsicht, Stolz, Berechnung und Erfahrung. Alles dies sind Begriffe, die uns von der (neuen) Erfahrung einer tiefen, reifen und erfüllenden Liebe abhalten. Sie schaffen Distanz zum anderen. Besonders unsere alten Erfahrungen bergen die Gefahr, von vornherein ein Verhalten zu programmieren, um damit unsere Überzeugungen – du erinnerst dich an den Überzeugungszirkel? – zu bestätigen. So tust du, was du immer getan hast ... und bekommst, was du immer bekommen hast. Auf diese Weise kannst du mit den Erfahrungen aus deinem Leben als Prinzessin in deiner Entwicklung stecken bleiben.

Wenn du dagegen für dich die Stärke und Weiblichkeit der Königin zusammen mit dem Geschenk von viel mehr Zeit zum Leben annehmen kannst, öffnest du dich für eine neue, tiefere und befriedigendere Liebesqualität in deinem Leben und in deinen Beziehungen. Dabei ist es egal, ob du dies für deine bestehende Beziehung tust oder in einer neuen Partnerschaft. Du tust es in erster Linie in dir und für dich selbst. Deine Umgebung, dein Partner nimmt es wahr und spürt diese Qualitäten. Du setzt damit eine Dynamik in Gang.

Um jedoch die erwähnten positiven Qualitäten im energetischen Kreislauf mit einem Partner leben zu können, müssen wir diese Haltung und diese Fähigkeiten auf jeden Fall zuerst im Umgang mit uns selbst und unserem Leben ehrlich annehmen und praktizieren. Hier sind wir wieder bei der Hingabe in den Strom des Lebens. Bist du bereit dafür? Dazu gehört, dass du deine Wünsche, Sehnsüchte und Defizite, die du in deiner Beziehung (oder über die Beziehung hinaus) hast und empfindest, für dich selbst ganz offen anerkennst. Steh dazu! Und lass dich mit all deinen Sinnen auf das Lebensgefühl ein, das du dir für deine Gegenwart und deine zukünftigen Jahre wirklich wünschst. Du bist die einzige, die sich wirksam darum kümmern kann. Wer sonst sollte es tun?

Nimm die Verantwortung für dein Glück an!

Wahrheit bringt Klarheit!

Wenn es zu diesem Punkt der eigenen Verantwortung in der Beziehung kommt, höre ich bei meinen Beratungen oft Beschwichtigungen und Erklärungen dafür, dass ja *eigentlich* doch alles so schon ganz gut wäre und überhaupt vieles wahrscheinlich gar nicht möglich wäre und dass die schmerzlich eingestandenen Frustrationen wohl normal seien. Okay, dem letzten Punkt stimme ich zu. Normal bedeutet, dass dies die Norm ist, es also bei den meisten so ist. Stimmt! Und das ist sehr traurig! Doch mach dir bewusst, dass normal nicht gesund bedeutet. Auch wenn es bei den meisten so ist, wird es davon nicht besser und schon gar nicht gesund für Leib und Seele! Und warum willst du dich mit etwas zufrieden geben, das dich so nicht glücklich macht, nur weil viele andere es auch so leben und damit auch nicht glücklich sind. Warum sich nicht dafür einsetzen, in einer glücklichen Beziehung zu leben? Einige tun das tatsächlich, auch wenn sie die Minderheit sind. Hier muss sich die Königin fragen, was sie sich tatsächlich zutraut.

Auf, Majestät! In dir steckt viel mehr, als du dir oft zutraust! Und so vieles ist möglich, wenn du es nur wirklich willst!

Nun haben wir im letzten Kapitel bei den Krisen und Wendepunkten in unserem Leben auch über Trennungen gesprochen. Wie schon erwähnt, ist eine Trennung oder Scheidung nicht der einzige Weg für zwei Menschen, deren Beziehung ihre Kraft eingebüßt hat. Allerdings bin ich durch meine persönlichen Erfahrungen und die vielen Jahre meiner Seminar- und Beratungstätigkeit zu dem Ergebnis gekommen, dass eine Liebesbeziehung nur dann eine wirkliche Chance hat, sich glücklich weiterzuentwickeln, wenn die Partner bereit sind, für sich einzustehen und sich dabei gegebenenfalls auch zu trennen. Nichts ist belastender für eine Liebe als das Klammern an den Partner.

Erich Fromm hat einen wesentlichen Unterschied mit zwei Aussagen verdeutlicht:

> Ich liebe dich, weil ich dich brauche.

> Ich brauche dich, weil ich dich liebe.

Mein geschiedener Mann und ich hatten eine sehr bewegte Ehe, im Strom des Lebens waren wir mit vielen Herausforderungen konfrontiert und haben uns diesen gestellt. Wie schon erwähnt, konnten wir immer sehr gut über alles miteinander reden und haben deshalb öfter auch über diesen Punkt gesprochen. Wir waren uns darin einig, dass unsere Liebe zueinander auch Folgendes bedeuten könnte: Wenn der eine von uns einen neuen Partner trifft, mit dem er glücklicher sein kann, wird ihm der zurückbleibende Partner trotz Trauer und Schmerz, aber mit tiefer Liebe dabei helfen, die Koffer zu packen für ein neues Glück in einem neuen Leben mit diesem neuen Partner.

Die Erkenntnis: »Ich brauche dich, weil ich dich liebe«, drückt die Größe der Liebe als Basis der Beziehung aus. Auf dieser Basis ist das Glück des Partners ein wesentliches Ziel, denn Liebe ist großzügig und kann den anderen lassen, ihn auch loslassen. Bei der Aussage: »Ich liebe dich, weil ich dich brauche«, wird dagegen meine eigennützige Bedürftigkeit höher gestellt als die Liebe. Das ist eine energetische Einbahnstraße.

Tatsächlich ist die Lebensmitte für unsere Beziehungen, besonders für die Langzeitbeziehungen, sehr oft eine kritische Zeit. Die Alltagsroutine hat nach all den Jahren vieles verdrängt und eingeschläfert. Die Schwerpunkte in der Beziehung haben sich in den meisten Fällen von der reinen Liebesbeziehung am Anfang wegbewegt, hin zu den frühen Herausforderungen der Kindererziehung, dann der Existenzgründungen, Karriereklippen und nun dem Auszug der Kinder und der Midlife-Crisis mit Menopause für uns und sichtbaren Alterungsfortschritten bei beiden. Vielleicht haben sich auch Frustration, Schmerz und diverse Kommunikationsblockaden angehäuft. Zu diesem Zeitpunkt schauen wir auf den nun vor uns liegenden nächsten Lebensabschnitt und nehmen dabei auch unseren Partner wieder bewusster wahr. Wer ist da jetzt? Wo hat er sich hinentwickelt? Welche Gemeinsamkeiten haben wir jetzt und in der Zukunft? Diese und ähnliche Fragen können auftauchen.

Im günstigsten Fall entdeckst du mit neu entfachter Begeisterung den König, in den du dich, als er wahrscheinlich noch der umwerfende Prinz war, verliebt hast. Die Entwicklungen verliefen synchron und das Band zwischen euch ist durch das gewachsene Vertrauen in den Jahren noch stärker geworden. Auch eure Erotik ist noch immer reizvoll und nicht der Doppelbettroutine als einzigem Austragungsort gewichen. Ihr könnt wunderbar zusammen lachen, habt die Freiheit, miteinander alle Gefühle erleben zu können. Sein Anblick begeistert dich bis heute, und auch seine Augen strahlen, wenn er dich sieht und begehrt. Das wäre schön.

Vielleicht wurstelt ihr aber auch beide wie zuvor beschrieben einfach weiter und vermeidet die Einsicht, dass etwas nicht mehr stimmt und dringender Handlungsbedarf besteht. Das ist weder befriedigend noch gesund und fordert psychisch und physisch einen hohen Preis. Und doch kann es sehr lange so weiterlaufen, bis ihr eines Tages dann durch ein Ereignis gezwungen werdet, euch mit euch selbst auseinanderzusetzen. Dies findet manchmal tatsächlich erst nach dem Tod eines der Partner statt. Es passiert aber auch, dass der eine erkrankt, vielleicht infolge der jahrelangen Verdrängung der eigenen seelischen Bedürfnisse. Dies ist ein nicht so schönes Szenario.

Oder der Weg führt direkt in eine Krise mit einer Liebesaffäre außerhalb der Beziehung oder ähnlich dramatischen Ereignissen bis hin zur Trennung. Diese Entwicklung ist mit Sicherheit sehr herausfordernd, kann aber manches Mal rückblickend eine Glück bringende Befreiung gewesen sein, eben der Wendepunkt.

Von Hauskatern ... und Tigern

Auf die Möglichkeit einer Trennung vom Lebenspartner in der Lebensmitte möchte ich genauer eingehen, weil dagegen fast immer ein hoher emotionaler Widerstand steht, zugleich jedoch die meisten Partner darüber nachdenken. Auch das bloße Nachdenken über eine Trennungsmöglichkeit wirkt sich schon trennend innerhalb der Beziehung aus. Selbst wenn wir dann weiter ausharren oder uns zunächst gegen die Trennung entscheiden, haben wir uns bereits vom Partner entfernt.

Lass uns die verschiedenen Aspekte einer Trennung einmal durchgehen: Fest steht, in der Lebensmitte nehmen die Trennungen zu, vor allen Dingen auch die Trennungen bei Langzeitbeziehungen. Dies hängt mit Sicherheit auch damit zusammen, dass immer mehr Menschen für sich erkennen, dass die Qualität ihrer Liebesbeziehung einen wesentlichen Einfluss auf ihre gesamte Lebensqualität hat. Mit zunehmender Vitalität und Attraktivität der Generation »50 plus« begegnen sich natürlich auch viel mehr reizvolle potenzielle Partner, die dann eine prickelnde Alternative zum inzwischen oftmals reizlos gewordenen Ehepartner darstellen. Hinzu kommt, dass sich die gemeinsamen Projekte und Interessen der Langzeitpartner im Verlauf der Jahre erledigt oder aufgelöst haben und man sich sowieso schon alles gesagt zu haben scheint. Er ist nicht mehr der, der er einmal war, und sie ist auch nicht mehr die, die sie einmal war. Plötzlich ist da wie ein Geschenk des Himmels jemand, der für das gegenwärtige Lebensgefühl so viel passender ist. Es gibt wieder erotische und geistige Spannung, Begehren und Gespräche, die Wichtigkeit und Ausschließlichkeit einer neuen Liebe. Also zugreifen – oder nicht?

Dagegen stehen all die Zweifel. Man war doch so stolz, es im Gegensatz zu vielen anderen so weit miteinander geschafft zu haben. Da sind auch all die Gemeinsamkeiten und die zusammengewachsenen Lebensumstände. Vor allen Dingen die gemeinsamen Kinder und die bereits vorhandenen oder noch kommenden Enkelkinder. Über allem hängt das Ideal der christlichen Ehe mit dem berühmten Versprechen »… bis dass der Tod euch scheidet!« Und selbst wenn unsere Generation häufiger auf eine kirchliche Trauung verzichtet hat, wir auch oftmals nicht in die Kirche gehen, so sind wir doch erheblich von unseren Eltern und der Gesellschaft auf dieses Ideal konditioniert.

Du erinnerst dich an das Kapitel, in dem es um die Werteprogrammierung in unseren frühen Jahren und die Konditionierung auf die Anerkennung durch unsere Umwelt ging? Genau hier greift es. Selbst wenn wir schon einmal geschieden sind oder in frühen Jahren ohne Trauschein zusammengelebt haben, bedeutet eine Trennung oder Scheidung in der Lebensmitte einen Riesenschritt mit all dem Stress, der eine solche Entscheidung begleitet. Es ist eine Krise und ein Wendepunkt. Und trotzdem: Was tun, wenn die Liebe abhanden gekommen ist? Warum nicht ein neues Leben mit einem neuen Partner beginnen?

Vielleicht kann die alte Beziehung ja noch einmal wiederbelebt werden. Vielleicht auch nicht. Wenn ja, für wie lange? Niemand kann dir diese Entscheidung abnehmen. Mit Sicherheit ist es leichter, sich zu trennen, wenn da schon ein neuer Partner wartet. Allerdings ist es oftmals so, dass der neue Partner, der der Auslöser für den Ausbruch aus einer freudlos gewordenen langen Beziehung ist, wie eine Medizin die Defizite heilt. Sobald die Patienten jedoch genesen sind, brauchen sie auch die Medizin nicht mehr. Dann können sie manchmal sogar zu ihrem verlassenen Partner zurückgehen, falls auch dieser die notwendigen Schritte gegangen ist. Oder sie gehen als »geheilt entlassen« und frei nun wieder eine ganz neue Beziehung ein, die dann auch lang und erfüllt ist. Manchmal ist aber der Partner, den wir allein lebend oder noch gebunden inmitten unserer bewussten und unbewussten Defizite der Lebensmitte treffen, genau »der Richtige«, und wir gewinnen miteinander den Hauptgewinn in der Liebe für das zweite Leben!

Hier greift nämlich ein faszinierendes Phänomen. Untersuchungen zeigen, dass besonders wir Frauen in unseren Zwanzigern, wenn es also um die Umsetzung unseres Kinderwunsches und die Etablierung als junge Frau in der Gesellschaft geht, uns meistens nicht den Mann zum Lebenspartner wählen, den wir am stärksten begehren und den wir am reizvollsten finden, sondern einen Mann, der uns Zuverlässigkeit, Versorgung und Beständigkeit bietet. Natürlich ist dabei auch Liebe im Spiel, aber eben nicht die große, leidenschaftliche und feurige Liebe. Wir haben einfach andere Schwerpunkte in dieser Zeit. So ehelichen wir dann eben den »Hauskater« anstatt des »Tigers«.

Diese Wahl hat viele Vorteile. Unsere ganze Umgebung ist hocherfreut. Unsere Mutter ist zufrieden, dass nun auch ihre Tochter in sicheren Gewässern vor Anker gegangen ist. Unser Vater fühlt sich selten durch unsere »harmlose« Wahl in seiner Männlichkeit herausgefordert und bedroht. Wir haben ja den »guten Jungen« gewählt. Und auch unsere Freundinnen, die sich aus den gleichen Motiven ähnlich brav und vernünftig entschieden haben, werden positiv bestätigt und freuen sich mit uns auf die gemeinsamen friedlich vor uns liegenden Jahre. Die Prinzessinnen sind mit ihren Prinzen durchaus zufrieden. Na, da wäre doch alles andere verrückt gewesen, oder? Und er ist ja wirklich ein ganz Lieber, ein guter Ehemann und verantwortungsvoller Vater. Er ist ein guter Kamerad in den vielen gemeinsamen Jahren unseres ersten Lebens.

Und nun, am Anfang des zweiten Lebens, taucht plötzlich der Tiger wieder auf! Manchmal ist es tatsächlich derselbe Mann, nur ein paar Jahrzehnte weiter. Manchmal ist es eine völlig neue Begegnung mit einem unser gesamtes Lebensgebäude erschütternden, faszinierenden Mann. Dieses Mal haben wir die Chance, Ja zu einer Liebe zu sagen, die wir uns im Leben davor wegen der damals anstehenden Lebensaufgaben nicht zugetraut haben. Jetzt können wir uns trauen. Als Königin können wir nun den König wählen, bei dem unsere Freundinnen dieses Mal sehnsuchtsvoll und vielleicht ein wenig neidisch seufzen, unsere Mutter stöhnt – vielleicht heimlich auch sehnsüchtig! – und unser Vater immer dagegen ist, sich aber ansonsten sehr gut mit diesem Mann versteht.

Wenn du dich erinnerst, vereinigt die reife Königin auch die Aspekte der erfahrenen Magierin, der besonnenen Kriegerin und der voll entwickelten Liebhaberin in sich. Mit diesem Hintergrund kannst du nun wählen.

Wieder empfehle ich dir, alle deine Archetypen zur gemeinsamen Beratung an den runden Tisch zu rufen. Höre der Liebhaberin aufmerksam zu, wenn sie ihre Entscheidung und ihre Begründung vorträgt. Ihre Sichtweise wird wesentlich über das Ja oder Nein für oder gegen den König entscheiden. Die Magierin gibt ihre Ideen zur Einschätzung und auch zur Umsetzung der Entscheidung. Am Ende lass die Kriegerin sich mit ihrer etwas männlicheren Sichtweise für die Rechte und Grenzen deines Reiches, also deines Lebens einsetzen. Du hörst zu, wägst ab und kannst dann deine eigene Entscheidung treffen.

Veredelung statt Trennung

Nun zu einem weiteren Aspekt in Trennungsfragen, der die angesprochenen familiären Typenprägungen betrifft. Wenn du dich in deiner Kindheit und danach wesentlich mit der archetypischen Ehefrau identifiziert hast, wirst du nun durch die Begegnung mit einem neuen, wahrscheinlich leidenschaftlichen und herausfordernden Mann ganz heftig mit deinen unterdrückten, sogenannten Schattenanteilen, der archetypischen Geliebten in dir, konfrontiert. Für dich, die du wahrscheinlich bisher alles für den Erhalt deiner Ehe getan hast, verkörpert dieser unkontrollierbare leidenschaftliche Aspekt in einer Frau die totale Bedrohung für die Institution Ehe, die wiederum ein wesentlicher moralischer Baustein der Gesellschaft ist. Als Hüterin dieser Werte, und dies bist du als überzeugte Ehefrau, musst du diese Seite bekämpfen, das heißt unterdrücken und verdrängen. Doch wie du nun selbst lebendig erfährst, trägst du natürlich die archetypische Rolle der Geliebten auch in dir. Sie gehört zu dir wie dein Schatten.

Eine neue, tiefe Liebe in diesen Jahren eröffnet dir die Chance, diese Schattenaspekte harmonisch in deine Persönlichkeit zu integrieren. Dies ist eine der Herausforderungen, denen wir uns auf dem Weg zur reifen und weisen Königin in der Lebensmitte gegenübersehen. Nur wenn wir alle Aspekte in uns leben und in eine Balance bringen, werden wir eine harmonische, entwickelte und faszinierende Persönlichkeit.

Wenn wir uns dieser Entwicklung verweigern, besteht die Gefahr, dass wir einseitiger und auch verbitterter und trauriger in unseren nächsten Jahren weiterleben. Ein Beispiel dafür gab uns Elisabeth II. vor einigen Jahren, als ihre ehemalige Schwiegertochter Diana tödlich verunglückte. Die damalige Situation, in der nicht nur das britische Volk auf eine emotionale und menschliche Reaktion ihrer Königin wartete, zeigte uns, dass auch die weltlichen Königinnen nicht immer das archetypische Idealbild einer guten Königin verkörpern. Elisabeth, die sich seit dem Beginn ihrer Regentschaft immer mehr zur Bewahrerin von Tradition und klassischen, gesellschaftlichen Werten entwickelt hat, hat dies auch stets in ihrer Haltung als Ehefrau und weibliches Familienoberhaupt demonstriert. Die Affären ihres Mannes, obwohl von der Presse stets diskret ignoriert, waren bekannt und zahlreich. Elisabeth machte stets und dies auch später bei den Turbulenzen in den Ehen ihrer Kinder gute Miene zum bösen Spiel und hielt an der Fassade einer intakten Ehe und Familie fest. Wie sehr sie darum bemüht war, die Ehe als moralischen Wert aufrechtzuerhalten, zeigte ihre Personalpolitik im Buckingham Palast. Dort, bei fast 600 Bediensteten in Spitzenzeiten, war eine Scheidung bei einem Angestellten ein sofortiger Kündigungsgrund. Diese Politik musste sie allerdings in späteren Jahren aufgrund der Scheidungen in ihrer eigenen Familie umstellen.

Die große Trauer der Öffentlichkeit um Diana nun konfrontierte diese Königin ein letztes Mal mit ihrem unterdrückten und wahrscheinlich verhassten Schattenaspekt, den die Prinzessin von Wales von Anfang an in dieser Familie höchst lebendig verkörpert hatte. Diana war nicht nur mit ihren späteren Affären, die sie erst begann, nachdem ihr Mann sie sehr vernachlässigt hatte, sondern einfach von ihrer archetypischen Grundprägung her eine Aphrodite. Sie verband die Qualitäten einer Liebhaberin und Künstlerin mit den Aspekten der Magierin und den typischen Eigenschaften der Liebesgöttin des Olymp. Sie bezauberte Menschen durch ihre Warmherzigkeit und ihr zugewandtes Interesse. Sie liebte die Menschen ohne Unterschied in Status, Rasse oder Religion und zeigte dies mit ihrem Kampf gegen den Einsatz von Landminen ebenso wie bei ihrem Umgang mit Aids-Kranken und Kindern in der damals sogenannten Dritten Welt. Sie begeisterte sich für Projekte der Menschlichkeit und liebte genauso die Schönheit und die Künste. So, wie sie liebte, konnte sie auch leiden und all dies machte sie später sogar öffentlich erlebbar mit ihren Interviews und Bekenntnissen über Bulimie, Selbstverletzung, ihre eigene und die Untreue ihres Mannes, ihren Schmerz und ihre Verzweiflung.

Dabei war das Schlimmste für Elisabeth, die sich selbst all dies stets versagt hatte, dass die Menschen, ja ihr eigenes Volk, Diana dafür auch noch mehr und mehr liebten. Nach dem Unfall von Diana wurde in der Trauer der Menschen diese Liebe zu ihr beinah überdimensional sichtbar. Obwohl Elisabeth ja nun endlich sicher sein konnte, Diana ein für alle Mal los zu sein, war die Rivalität der beiden Pole für Elisabeth wohl niemals zuvor so stark spürbar wie jetzt. Wie sollte sie unter diesen Umständen nun auch noch diese menschlich-emotionalen Qualitäten, die ihrem durch Diana verkörperten Schatten gehörten, zeigen? So hielt sie mit eiserner Disziplin an ihrem selbst gewählten Image einer Monarchin mit Haltung und ohne Emotionen fest. Diese Einseitigkeit und die fehlende menschliche Größe darin hätten sie beinahe ihre Position gekostet. Die trauernden Menschen außerhalb der Palastmauern zeigten ihr überdeutlich, dass sie nun, da die emotionale Königin der Herzen tot war, eine Königin brauchten, die alle Aspekte in sich vereinigt.

Mit der Hilfe des archetypischen männlichen Magiers Tony Blair konnte sie die Krise einigermaßen überwinden und seit dieser Zeit dann auch weichere und menschlichere Züge an sich zulassen. Sehen wir uns jedoch einmal ihr Gesicht und ihre Körperhaltung genauer an, dann können wir durchaus erkennen, dass sie sich trotz ihres hohen Alters bisher nicht zu einer weisen, menschlich-warmherzigen und faszinierenden Königin entwickelt hat. Gleichzeitig verdient sie jedoch wirklichen Respekt für ihre ungeheure

Disziplin, die sie nun schon seit Jahrzehnten demonstriert. Immerhin leistet sie dies für ihre Überzeugungen.

Um es noch einmal klarzustellen, es geht nicht darum, dass du, wenn der Ehefrauen-Archetypus in dir besonders hervortritt, nun unbedingt in der Lebensmitte eine Beziehung mit einem anderen Mann beginnen musst, um deinen Schattenaspekt zu integrieren. Vielmehr ist es wichtig für dich, dich diesen Aspekten menschlichen Lebens, anderen Formen von Liebe und Beziehung gegenüber zu öffnen und sie als ebenso menschlich wie möglich im Leben anzunehmen. Inwieweit du diese Aspekte selbst auch lebst, ist dir überlassen. Für dich ist es im gegebenen Fall besonders wichtig, dass du bei der großen Konferenz deiner Archetypen die Liebhaberin herzlich willkommen heißt und ihre Meinung stärker berücksichtigst und wertschätzt. Sie gibt dir wichtige Einblicke für die Weiterentwicklung deiner Persönlichkeit. Ihre und die Weltanschauung der Magierin beinhalten ein Wissen, das dir eine neue und schöne Gefühlstiefe und Befriedigung in deinen Beziehungen im zweiten Leben erschließen kann. Nutze es für dich!

Liebe + Neugier = Lebensfreude

Im Leben geht es darum, immer neue Räume zu entdecken, für uns zu öffnen und zu erleben, um sie dann in unsere Persönlichkeit zu integrieren. Dazu gehören ganz wesentlich die tiefen menschlichen und emotionalen Erlebnisse mit anderen Menschen, wozu die Liebe, die wir für einen Partner empfinden können, mit Sicherheit zu zählen ist.

Dies erinnert mich immer an den Film »Was das Herz begehrt« mit Diane Keaton und Jack Nicholson. Hast du ihn gesehen? Ich kann ihn sehr empfehlen. Es geht darin um eine alleinlebende Autorin von Ende 50, die den erheblich älteren Liebhaber ihrer Tochter, er ist Anfang 60, »erbt«.

Es ist eine sehr charmante Erzählung über eine Liebe zu Beginn des zweiten Lebens, die für beide Partner überraschend und beglückend kommt, und deren Unterschiede gegenüber einer jungen Liebe im ersten Leben sehr liebenswert dargestellt werden. Natürlich gibt es das für einen Film notwendige Auf und Ab der Gefühle, bevor das romantische Happy End uns glücklich seufzend aus dem Kino entlässt. Und so hat Diane Keaton im zweiten Drittel des Films mächtigen Liebeskummer und wird von ihrer Tochter herzzerreißend schluchzend angetroffen. Die Tochter, die bis dahin jede tiefergehende Liebe tunlichst vermieden hat, ist entsetzt über den Kummer der Mutter. Doch diese sagt ihr mit tiefster Überzeugung, dass die Schönheit und Intensität der Liebeserfahrung davor, die sie für sich in ihrem Alter überhaupt nicht mehr erwartet hatte, diese Tränen auf jeden Fall wert war. Und so erkennt die Tochter ehrfurchtsvoll und ein wenig neidisch, dass die Liebe in ihrer Tiefe wohl sehr viel mehr zu bieten hat, als sie sich bisher zugestanden hat. Eine süße Schüsselszene, die tatsächlich eine schöne Lebensweisheit beinhaltet.

Erica und Harry, so heißt das Liebespärchen in den mittleren Jahren, entdecken alle beide für sich einen völlig neuen Raum, brauchen etwas Zeit, um diese Tatsache für sich annehmen zu können, und genießen dann diese neue Ebene ihres Lebens in vollen Zügen.

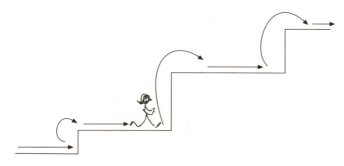

Mit dieser Zeichnung möchte ich dir eine Betrachtungsweise für deinen Lebensverlauf anbieten. Sie verdeutlicht, dass unser Leben nicht einfach geradlinig nach vorn und noch dazu auf nur einer Ebene verläuft. Im Verlauf unseres Lebens erklimmen wir in unserer Entwicklung nach und nach neue Ebenen, also neue Räume, die sich, sobald wir die jeweilige Stufe dorthin genommen haben, vor uns erstrecken. Nach einer Weile haben wir dann die neue Ebene in unsere Lebenserfahrung integriert und es ist wiederum an der Zeit, die nächste Stufe zu erreichen. Das ist Leben, das ist Entwicklung.

Ich habe früher schon einmal die »Eduscho-Gala-Welt« und die »Persil-Philosophie« erwähnt, in denen es darum geht, möglichst alles so zu lassen, wie es ist. Doch dieses Verhalten widerspricht allen Gesetzen des Lebens. Leben bedeutet Weiterentwicklung. Das zeigt uns deutlich jede Pflanze, jedes Tier, unsere Kinder, ja die gesamte Natur. Sie zeigen uns mit den Jahren, den Jahreszeiten und den verschiedenen Entwicklungsstadien, dass Stillstand Tod bedeutet. In der Natur, zu der wir ja gehören, wird uns der Wandel als Naturgesetz vorgeführt: Los- und Zurücklassen, ja auch Destruktion zugunsten von neuer Konstruktion sind hier an der Tagesordnung.

Gerade in unserem Alter kommt es nun wesentlich darauf an, sich diesen Gesetzen gegenüber bewusst zu öffnen, weil wir sonst tatsächlich die in unserer Kindheit geprägte Altersprogrammierung, nach der zwischen 60 und 70 alles endet, erfüllen. Also, mach dich bereit für die nächsten lebendigen Erfahrungen auf den nächsten neuen Ebenen deines Lebens!

Übrigens, Neugier ist hierbei der beste Wegweiser. Wir versuchen oft, unseren Kindern die Neugier abzugewöhnen. Warum nur? Nicht nur die Kinder lernen und entwickeln sich durch die Neugier weiter, auch alle Forschungen und Erfindungen basieren auf der Neugier. Doch da du nach der Kabbala dein zweites Leben sowieso mit einer neuen Kindheit beginnst, kannst du dir vielleicht auch die Neugier wieder leichter erlauben. Neugier hält jung!

Alle Erfahrungen, die du von nun an bewusst und in aller Tiefe für dich annimmst und durchlebst, anstatt sie mit Anstrengung vermeiden zu wollen, bringen dich weiter in deiner Entwicklung. Sie sind die vitalen Bausteine auf deinem Weg zur Weisheit und einer rundherum faszinierenden Persönlichkeit. Ob du nun mit deinem Partner auf diese bewusste Art weiter zusammenlebst oder ob du neue Wege für dich erkundest, dich vielleicht sogar trennst und dann eventuell eine neue Beziehung eingehst, ist hierbei nicht entscheidend, sondern nur die Tiefe, Ehrlichkeit und Bereitschaft zur Intensität, also die freie Hingabe in die Erfahrungen, mit denen du dein ersehntes Lebensgefühl erfüllen kannst, bestimmen deine Entwicklung.

Majestät, gestalten statt verwalten! Trennung einmal anders

Eine Trennung bedeutet immer auch den Tod einer gemeinsamen Vision. Dabei ist es egal, ob wir verheiratet waren oder ohne Trauschein zusammengelebt haben. Wie schon erwähnt, haben wir, selbst wenn wir bewusst den Zusatz: »... bis dass der Tod uns scheidet«, oder sogar das komplette Eheversprechen weggelassen haben, irgendwie die Idee gehabt, es müsste für immer sein. Dies hängt wesentlich mit unserem Ideal einer Familie und eines Clans und der Sehnsucht nach der damit verbundenen Geborgenheit zusammen. Ehe und Familie gehören für uns zusammen. Beides verspricht Sicherheit und Beständigkeit. Dieses Ideal, das in unserer Kindheit, auch als Folge des Zweiten Weltkriegs, in den Familien einen noch höheren Wert hatte, gehört mit zu unseren Grundprägungen.

Doch wie sieht es damit in unserem heutigen Lebensgefüge wirklich aus? Die klassische Großfamilie, den Clan und auch die stabile Sicherheiten bietenden kleineren Familien gibt es in dieser Form immer weniger und in größeren Städten wohl kaum noch. Ob diese Familien früher diese Lebensgefühle tatsächlich gewährleistet haben, kann ich nicht sagen, doch heute zeigen alle Erfahrungen, dass dieses Ideal nicht mehr erfüllt wird. Heute sind die Großeltern, die den Mittelpunkt der Familie bilden könnten und in früheren Familien fest mit dem Familiensitz, der »Familienburg«, verbunden waren, viel vitaler und jünger und deswegen entweder beruflich aktiv oder oft auf Reisen, auf jeden Fall mit ihrem eigenen Leben beschäftigt. Sie sind nur noch selten beständige Anlaufstation für zu betreuende Enkelkinder oder als mit Rat und Tat zur Verfügung stehende Fluchtburgen für erwachsene Kinder mit Karriereklippen und Beziehungsproblemen vorhanden. Dazu kommt, dass auch sie manchmal gar nicht mehr als Paar zusammenleben. Das alles trifft sowohl für unsere Generation, die ja oft schon die angesprochene Großelterngeneration ist, als auch für die Generation unserer Eltern zu. Wir müssen einfach akzeptieren, dass der anfangs beschriebene Wertewandel auch einen Bruch zwischen Familien- und Ehe-Ideal und dem Leben, das wir praktisch heute führen, zur Folge hat.

Nun können wir darüber jammern und an unserem Ideal festhalten oder, vor allen Dingen mit Blick auf unsere Kinder und Enkelkinder und deren Zukunft, neue und zeitgemäße Beziehungs- und Familienmodelle kreieren und offenen Herzens respektieren. Viele tun sich leichter damit, die Akzeptanz für die rechtliche Anerkennung der »exotischen« gleichgeschlechtlichen Beziehungen aufzubringen, als in der eigenen Umgebung und Familie fröhliche Patchworkfamilien vorurteilsfrei anzunehmen. Dabei wird dies in unserer Zukunft immer stärker das normale Bild werden.

Die zunehmende Lebenserwartung mit der gleichzeitig steigenden Vitalität und Attraktivität der Partner und den ebenso zunehmenden Begegnungsmöglichkeiten mit anderen werden das Ideal von nur einem Partner für ein ganzes Leben immer unerfüllbarer machen. So wird ein Ideal belastend, weil wir es automatisch als unser persönliches Versagen werten, wenn wir es nicht erfüllen. Warum also, wenn wir sowieso schon Pioniere für ein erfülltes zweites Leben sind, nicht auch noch aktiv und positiv mit an den neuen Beziehungsbildern arbeiten?

Dabei komme ich noch einmal auf das Eheversprechen zurück. Was wäre, wenn wir trotz einer Trennung weiterhin, also »… bis dass der Tod uns scheidet« und »in guten wie in schlechten Tagen« füreinander da sind und gegebenenfalls auch füreinander sorgen?

Als mein Mann und ich am Ende unserer Ehe angekommen waren, reisten wir, verbunden mit einem beruflichen Anlass, für einen längeren Urlaub gemeinsam in die USA. Dort hatten wir viele Jahre unsere Urlaube miteinander genossen. Dieses Mal nutzten wir die Zeit, um noch einmal über alles zu sprechen. Wir sagten uns gegenseitig, was wir aneinander genossen und vermisst hatten. Wir sagten uns, was wir aneinander bewunderten und schätzten. Und wir entschuldigten uns für die Verletzungen, die wir uns unbewusst oder bewusst in den gemeinsamen Jahren zugefügt hatten. Es waren verschiedene Schichten, durch die wir hindurchgingen. Dabei flossen Tränen und wir mussten auch lachen. Am Ende war alles besprochen und wir hatten Frieden miteinander. Auf dieser Basis haben wir uns gegenseitig versprochen, immer füreinander da zu sein und die uns bindenden schönen Qualitäten unserer Beziehung miteinander zu behalten und zu pflegen. Dann haben wir, die wir nie kirchlich geheiratet hatten, mit einem Schmunzeln gesagt: »Bis dass der Tod uns scheidet!« Heute sprechen wir manchmal viele Wochen lang überhaupt nicht miteinander. Dann haben wir wieder einmal ein langes und tiefes Gespräch. Er lebt seit unserer Trennung im Ausland und ist sehr viel unterwegs, und wir leben beide in neuen Beziehungen. Wir haben heute nach zehn Jahren Trennung eine von tiefem Vertrauen geprägte Beziehung. Sie ist unbelastet, findet auf einer ganz anderen Ebene statt als unsere Ehe, und ist in ihrer Besonderheit für mich sehr wichtig und wertvoll.

Einige wenige getrennte Paare, häufig allerdings nicht geschieden, praktizieren dies ebenso. Allerdings sind sie immer noch eine kleine Minderheit, von vielen bestaunt und von noch wenigen ehrlich bewundert. Die meisten Paare trennen sich schmerzhaft und verletzend, so dass nach der Trennung, besonders wenn dann noch neue Lebenspartner hinzukommen, kein oder nur selten und angespannt Kontakt möglich ist. Dies waren aber einmal zwei Menschen, die sich geliebt haben und ihr Leben miteinander verbringen wollten! Besonders für Kinder ist dies schmerzhaft. Es ist hoch kompliziert für sie, damit zu leben, es ist nicht zu verstehen und vor allen Dingen kein Vorbild für ihre Zukunft!

Und genau das ist mir wichtig: Wir können mit unserer Einstellung, unseren Kommentaren und unserer Art zu leben viel dazu beitragen, die Sichtweisen und Lebensformen für Beziehungen und Familien zu erweitern. Der entscheidende Hintergrund einer Beziehung ist doch tatsächlich die Verlässlichkeit und menschliche Fürsorge füreinander, sowohl für den Partner als auch für die eventuell dazugehörenden Kinder. Warum sollen diese menschlichen Werte nach einer Trennung auf eine rein materielle Unterstützung reduziert – und dann noch von hässlichen Streitereien darum begleitet werden?

Warum werden die partnerschaftlich-menschlichen Qualitäten im entscheidenden Moment ausschließlich mit der ehelichen oder sogenannten eheähnlichen Gemeinschaft der beiden Partner verbunden? Warum sogar oftmals abhängig gemacht von der ehelichen Treue, womit die sexuellen Exklusivrechte innerhalb der Beziehung gemeint sind, die jedoch seit Jahrtausenden in der Praxis unglaubwürdig sind. Dabei wird widersprüchlich auf der anderen Seite immer wieder argumentiert, dass der Sex in einer Beziehung ja gar nicht so wichtig sei.

Viel besser ist es doch, wenn unabhängig von diesen Konzepten die menschlichen Werte verlässlich weiter bestehen blieben und wir zudem unsere Familien durch mögliche neue Lebenspartner, die vielleicht auch wiederum Kinder aus ihrer Beziehung davor haben, einfach vergrößern würden. Wohlgemerkt, ich spreche hier nicht von ständig wechselnden Partnern, die den Kindern vorgestellt und alsbald wieder entfernt werden. Ich spreche hier von tatsächlichen neuen Lebenspartnern, mit denen wir eine weitere verlässliche Liebesbeziehung in unserem Leben eingehen. Es wäre doch möglich, diese weiteren Liebesbeziehungen so positiv in unser Leben zu integrieren, dass alle Menschen, die uns in dem Lebensabschnitt zuvor wichtig, nahe und vertraut waren, nach einer Eingewöhnungszeit an die veränderten Lebensumstände, die neuen Familienmitglieder ebenso annehmen und integrieren können. Das wäre ein wirklicher Fortschritt nicht allein nur in unserer Familie. Unsere Kinder und vielleicht auch Enkel werden so eine menschliche Großherzigkeit erfahren und spüren, die ihnen mit Sicherheit bei den Herausforderungen in ihrem Beziehungs- und Familienleben in der Zukunft sehr hilfreich sein wird.

So kann eine Familiengeschichte aussehen

Da ist zunächst einmal Diane. Sie ist Jahrgang 1955, also jetzt Anfang 50. Diane hat Ende der Siebzigerjahre, mit

Mitte 20 und nach ein paar Jahren des Zusammenlebens, geheiratet und mit ihrem drei Jahre älteren Mann Dieter zwei Söhne bekommen. Die Beziehung war eine typische Studentenliebe, die trotz der Lockerheit der damaligen Zeit in eine doch recht bürgerliche Ehe mündete. Dieter baute seine Karriere auf, während Diane wegen des zweiten Kindes ihr zweites medizinisches Staatsexamen nicht mehr absolvierte und sich um die beiden Kinder und den Haushalt kümmerte. Die beiden führten eine kameradschaftliche Ehe, gleichberechtigt, mit gemeinsamem Konto und gemeinsamen Entscheidungen. Ihre Sexualität war vertraut und schön, aber ohne echte Spannung.

Die Krise und Trennung kam nach 18 Jahren Ehe, als der jüngere Sohn 14 Jahre alt war und Dieter sich in eine attraktive Kollegin verliebte. Der Trennungsprozess war für beide schmerzhaft. Doch nach einer Weile verliebte sich auch Diane in einen netten, geschiedenen Mann, den sie beim Hundespaziergang kennen gelernt hatte. Michael ist zehn Jahre älter als Diane. Die Beziehung mit ihm war viel stärker eine Beziehung zwischen Mann und Frau, was für Diane eine neue und sehr schöne Erfahrung war, besonders auch sexuell. Sie fühlte sich in dieser Beziehung viel weiblicher.

Dieter heiratete seine 14 Jahre jüngere Kollegin Marlene, für die er sich von Diane getrennt hatte, und wurde noch einmal Vater einer kleinen Tochter. Er sorgte immer liebevoll für seine älteren Kinder und fühlte sich gut dabei, auch finanziell seine frühere Familie so gut zu unterstützen, wie es ihm mit einer zweiten Familie möglich ist.

Die Beziehung zu Diane war zunächst durch seine neue Liebe und die Trennung belastet, aber schon bald konnten sie auf dem gewachsenen Vertrauen und dem Erleben als Familie wieder ein tiefes und harmonisches Verhältnis aufbauen. Das half auch den beiden Söhnen, die Trennung der Eltern anzunehmen und zu verarbeiten. Dieters neue

Frau hatte damit anfänglich Probleme, gewöhnte sich dann aber mit zunehmendem Vertrauen in ihre Ehe mit Dieter an diese moderne Großfamilienform. So gingen ihre kleine Tochter und später dann auch sie bei den Halbgeschwistern aus Dieters erster Ehe und deren Mutter im Hause ebenso ein und aus wie umgekehrt.

Ein halbes Jahr nach der Einschulung der gemeinsamen Tochter verliebte sich Marlene jedoch in den Elternsprecher der Klasse und trennte sich von Dieter. Kurz zuvor hatte sich Diane nach längerem zähem Ringen von Michael getrennt. Die Auffassungen vom Zusammenleben und der Erziehung der halbwüchsigen Söhne, bei denen Michael allerdings schon durch sein Alter eine akzeptierte Vaterfigur geworden war, waren im Alltag immer unterschiedlicher geworden. Diane hatte sich inzwischen mit einem Geschäft für hübsche Küchenutensilien und originelles Geschirr erfolgreich selbstständig gemacht. Michael und auch Dieter hatten sie dabei unterstützt und in manchen vertraglichen und finanziellen Konstruktionen beraten.

In der Phase der Trennungen von ihren Partnern war die Freundschaft zwischen Diane und Dieter für jeden der beiden eine wertvolle Unterstützung. Durch die liebevolle Vertrautheit aus über 30 gemeinsamen Jahren konnten sie ganz offen miteinander sprechen.

In dieser Zeit dachten wohl viele Freunde in ihrer Umgebung, dass die beiden wieder zueinanderfinden würden. Doch gerade diese Ebene des Umgangs miteinander, verbunden mit der gleichzeitigen Freiheit, war für beide eine kostbare Qualität, die sie sich schmerzhaft erarbeitet hatten und nun nicht wieder aufgeben wollten. Es war, als hätten sie in ihrer Beziehung eine neue, quasi höhere Stufe erreicht.

Inzwischen hat Diane seit einigen Jahren eine Wochenendbeziehung mit einem noch verheirateten Mann. Frederic ist Unternehmensberater, sehr viel unterwegs und er hat mit seiner Frau Helga zwei fast erwachsene Töchter. Er lebt getrennt von seiner Familie in einer eigenen Wohnung, doch ganz in der Nähe des gemeinsamen Familienhauses. Helga und die Töchter kennen Diane und sie treffen sich auch alle zusammen. Frederic und Diane verbringen zwar viel Zeit gemeinsam, sie wollen aber ganz bewusst an zwei Wohnungen festhalten. Dianes Kinder leben inzwischen durch Studium und Beruf in anderen Städten. Sie mögen Frederic sehr.

Dieter lebt heute zusammen mit Felicitas. Sie ist acht Jahre jünger als Dieter und hat zwei halbwüchsige Söhne. Während Frederic und Felicitas sich von Anfang an gut mit der »Großfamilie« verstanden und hervorragend eingelebt haben, hat es bei Michael eine Zeit lang gedauert, bis er wieder einen offenen und herzlichen Kontakt zu Diane und auch zu Frederic haben konnte. Sein Verhältnis zu Dieter und den Kindern war aber die ganze Zeit über sehr gut. Sie sehen sich wie immer recht häufig. Marlene, Dieters zweite Frau, und die gemeinsame Tochter haben einen lockeren, aber auch sehr freundschaftlichen Kontakt zur »Großfamilie«, obwohl auch Marlene noch einmal geheiratet hat. Am meisten genießen alle die großen Familienfeste wie Weihnachten, Ostern, runde Geburtstage und andere Anlässe. Wer immer kann, kommt gern. Oft lachen alle darüber, wenn sie gefragt werden, wer denn hier wie mit wem verwandt ist.

Einen schönen und ungewöhnlichen Umgang hat Diane auch mit den verschiedenen Freundeskreisen aus ihren verschiedenen Lebensphasen aufgebaut. So gibt es bis heute Freunde aus der Zeit des Studiums und der Ehe mit Dieter, die sowohl Diane als auch Dieter einladen. Die beiden kommen dann zwar nicht als Paar, aber sie kommen trotzdem meistens ohne ihre heutigen Partner. Natürlich gibt es auch Freunde aus der Zeit mit Michael, die ebenfalls gern Diane und auch Michael einladen. Michael lebt zurzeit allein. Er genießt diese Abende mit einem Gefühl von Verbundenheit und gleichzeitiger Freiheit.

Aus diesen Erfahrungen heraus hat Diane von vornherein darauf geachtet, dass sie und Frederic auch in ihrem heutigen Umfeld zwar als Liebespaar, doch gleichzeitig wesentlich als einzelne Menschen mit einer lebendigen Vergangenheit wahrgenommen werden. Sie genießt die verschiedenartigen Kontakte als eine wirkliche Bereicherung ihres eigenen persönlichen Lebens. Die Möglichkeit, mit alten Freunden aus früheren Lebensphasen ehrlich und offen verbunden geblieben sein zu können und neue Kontakte jeweils entsprechend der damit verbundenen Lebensphasen integrieren zu können, gibt ihr ein Gefühl von großer Geborgenheit im Leben. Sicher war es für einige Freunde am Anfang nicht leicht, so mit den sich verändernden Lebensumständen umzugehen. Doch heute empfinden alle diejenigen, die sich offen darauf einlassen konnten, diesen Umgang miteinander als eine wirkliche Bereicherung.

Hier eine Grafik zum besseren Überblick:

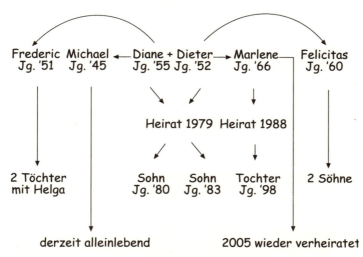

Die Grafik zeigt, dass die Situation nicht annähernd so kompliziert ist, wie es zunächst erscheint. Es gibt die Ebene der Erwachsenen und darunter die Ebene der Kinder. Sehr überschaubar.

Faszinierend ist, dass alte Familienstammbäume aus früheren Jahrhunderten oftmals sehr ähnlich ausschauen. Auch damals hatte der Ehemann manchmal im Verlauf seines Lebens mehrere Ehefrauen oder auch Mätressen und mit diesen auch Kinder. Ebenso konnte eine Ehefrau im Verlauf ihres Lebens mehrere Verbindungen eingehen und ebenfalls jeweils Kinder bekommen oder mit übernehmen. Der entscheidende Unterschied besteht darin, dass dies damals meist nur möglich war, wenn die Ehefrau zuvor im Kindbett verstorben oder der Ehemann auf dem Schlachtfeld geblieben war. Epidemien und andere tödliche Krankheiten und vielleicht die eine oder andere kleine Giftattacke waren ebenfalls der Grund dafür, dass ein weiterer Lebenspartner gewählt wurde. Glücklicherweise können wir dies heute ohne derartig tragische und dramatische Umstände erleben.

Heute nennen wir diese mehr oder minder verwobene Familienform »Patchworkfamilie«. Sie ist inzwischen durchaus verbreitet. Doch ein unkomplizierter, freier Umgang untereinander, der sogar als Bereicherung empfunden wird, ist besonders im erweiterten Freundes-, Bekannten- und Familienkreis durchaus noch nicht üblich. Würdest du unter derartigen Umständen so leben wollen? Bist du als Freundin, Mutter oder Schwester und so weiter bereit, so offen mit den sich verändernden Lebensumständen deiner Freunde oder Familienmitglieder umzugehen? Was spricht dagegen außer unseren tradierten Überzeugungen?

Wäre es nicht schön, wenn wir jeden Einzelnen einfach als den Menschen annehmen könnten, der er ist, so wie er oder sie gerade lebt, mit Partner und auch ohne? Ist dies nicht sogar eine Möglichkeit für uns und die folgende Generation, wieder in größeren Familienverbänden leben zu können?

Dies sind Gedanken und Anregungen zum Beziehungsthema und den daran hängenden Kindern, Familien und Freunden. Vielleicht für dich vertraut, vielleicht auch fremd und mit inneren Widerständen verbunden. Spiele doch einfach einmal damit und probiere neue Sichtweisen aus, wenn bei dir oder deinem Umfeld so eine Situation auftaucht. Vielleicht entdeckst du dabei eigene interessante Ansätze und kannst so einen entspannteren Umgang im Miteinander schaffen.

Die Königin und die Macht der Kirche

Wenn neue Partner zu bestehenden Konstellationen in der Beziehung oder nach einer Trennung hinzukommen, gehen die Beteiligten allzu oft wie in einer schlechten Soap Opera in eine hoch dramatische Problemstimmung mit Skandalgeschrei hinein. Das beobachte ich oft in meinen Beratungen. Wenn ich den Leuten dann bewusst mache, dass niemand eine lebensbedrohliche Krankheit hat, sind sie zunächst irritiert. Und wenn ich dann hinzufüge, dass sie derzeit nur »zu viel Liebe«, gemessen an ihren Überzeugungen, im Haus oder in der Familie haben, müssen sie oft lächeln, aber vor allen Dingen beginnen sie erleichtert, sich etwas zu entspannen. Wenn wir mit dieser entspannteren Haltung an die durch die neue Konstellation entstandenen Fragen und durchaus vorhandenen Herausforderungen herangehen, können wir viel konstruktiver und menschlicher damit umgehen.

Grundsätzlich sollte Liebe zu den positiven Herausforderungen des Lebens gezählt werden. Viele Menschen, die durch lebensbedrohliche Krankheiten, tiefe finanzielle Krisen und Ähnliches hindurchgegangen sind, können das ebenso betrachten. Tatsächlich glauben die meisten anderen leider noch immer, dass eine neue Liebe bei älteren oder vielleicht auch bereits gebundenen Familienmitgliedern eine Katastrophe und etwas Negatives bedeutet. Das ist schade und hängt oft nicht nur mit profanen Erbschaftserwägungen zusammen. Wir machen uns viel zu selten bewusst, dass in der Bibel, auf die wir uns doch so gern wegen unserer monogamen Ehe-Überzeugungen berufen, selbst bei den ehrbaren Familien mehrere Ehefrauen und Partner, Kindeszeugungen durch andere Partner und vieles mehr nicht nur möglich, sondern sogar ziemlich verbreitet waren. Danach ist das bei sexueller Untreue oft zitierte Gebot: »Du sollst nicht die Ehe brechen« (Exodus 20,14), mit Sicherheit definitionsbedürftig. Nach der Praxis in der Bibel kann es nämlich nicht die sexuelle Treue zwischen den zwei Ehepartnern bedeuten. In unseren heutigen Eheversprechen wird ebenfalls der Ausschluss sexueller Aktivitäten mit weiteren Partnern nicht erwähnt, aber wohl vorausgesetzt. Andere, nicht ausschließlich christlich geprägte Kulturen zeigen uns, dass andere Beziehungs- und Familienformen durchaus sehr erfolgreich gelebt werden können. So gibt es in Afrika Stammeskulturen, in denen sich mehrere Frauen einen Mann teilen, ihn tagsüber zur Erholung ins Teehaus schicken und ansonsten erfolgreich ihre Geschäfte betreiben, glücklich ihre Kinder bekommen und vor allen Dingen sogar wunderbar harmonisch miteinander regeln, wann der Herr des Hauses, oder besser der Herr der Hütten, bei welcher Frau die Nacht verbringt.

Mir geht es hierbei um positiv gelebte, uns aber ungewöhnlich erscheinende Beziehungs- und Familienformen. Ich weiß auch, dass in der moslemischen Welt, wo ein Mann mehrere Frauen haben darf, besonders in den fundamentalistischen Kreisen sehr viel Machtmissbrauch den wirklich machtlosen Frauen gegenüber existiert. Dies beruht ebenso auf Fehlinterpretationen der heiligen Schriften, diesmal des Korans.

Ein anderes positives Beispiel: So soll auf Sumatra eine Frau mehrere Ehemänner haben können. Anderenorts haben wieder die Männer mehrere Frauen, aber die Frauen bestimmen, ob eine weitere Frau und welche dazugenommen werden darf. Was für uns mit unseren Prägungen teilweise unvorstellbar erscheint, ist in anderen Teilen der Welt gelebter Beziehungsalltag. Vielleicht kann so eine globale Erweiterung des Blickwinkels eine offenere, entspanntere und vor allen Dingen von alten kirchlich geprägten Dogmen befreitere Sichtweise schaffen.

Für diese Befreiung noch einmal zurück zur Bibel. Lass uns den 17. Vers aus dem Buch Exodus, Kapitel 20, hinzunehmen: »Du sollst nicht nach dem Haus deines Nächsten verlangen. Und du sollst nicht nach der Frau deines Nächsten verlangen, nach seinem Sklaven oder seiner Sklavin, seinem Rind oder seinem Esel oder nach irgendetwas, das deinem Nächsten gehört.«

Spätestens hier erkennen wir, dass wir als Frauen damals zum Besitz eines Mannes gehörten, ebenso wie sein Vieh, seine Sklaven, sein Haus und sein Land. Wir kamen in der Reihenfolge sogar nach dem Haus! Es kann für uns Frauen heute interessant sein, dass dieses Gebot für uns ja nicht gilt, da es nur an Männer adressiert ist. Doch wir kommen wohl nicht umhin, uns tatsächlich einmal kritisch vergleichend mit den damaligen und heutigen Lebensbedingungen im Zusammenhang mit den heute für uns gültigen moralischen Interpretationen der Kirche auseinanderzusetzen. Die Moral in unserer christlichen Werteordnung hat in den Jahrhunderten diverse Wandlungen, erhebliche Werteverschiebungen, erlebt. Mich beeindruckt immer wieder, wie machtvoll die Kirche bis heute in unser Leben und ganz speziell in das von uns Frauen hineingreift – trotz nachgewiesenermaßen fehlerhafter Übersetzungen der

Bibel, mit inzwischen fragwürdig gewordenen Vorschriften und mit den einspurigen Interpretationen einer ausschließlich männlichen Führungshierarchie, die ihre Sexualität unterdrückt. Die einzige innerhalb der Kirche wirklich anerkannte Frau, die keusche, jungfräulich empfangende Maria, hat seit 2000 Jahren erhebliche Auswirkungen auf unsere weibliche Sexualität – allerdings keine befreiend positiven. Ihr Image als vorbildliche Frau wurde bis heute nicht wieder erreicht und macht es uns auch in unserem jetzigen modernen Leben nicht leicht. Allerdings wissen wir nur wenig, wie ihre späteren Jahre ausgesehen haben. Trotz der 2000 Jahre Anerkennung durch die meist zölibatär lebenden Männer in der Kirchenführung habe ich meine persönlichen Zweifel, ob sie unserem archetypischen Bild einer wirklichen Königin entsprochen hätte.

Dies ist nur ein Exkurs in die wirklich nicht zu unterschätzende kulturelle Werteprägung in unserer Gesellschaft durch die christliche Religion. Natürlich gibt es zu diesem Thema noch viel mehr zu sagen und wir könnten auch in den Vergleich zwischen katholischen und protestantischen Überzeugungen einsteigen. Das sprengt hier jedoch den Rahmen. Auf jeden Fall sind 2000 Jahre Werteprägung durch so eine starke Institution, wie sie die katholische Kirche darstellt, selbst wenn du schon lange aus der Kirche ausgetreten oder nie in ihr gewesen bist, in ihrem Einfluss auf dein Leben nicht zu unterschätzen.

Die Königin und die Macht der Gesellschaft

Jetzt möchte ich noch einmal auf die besondere Situation der geschiedenen Frau im mittleren Alter in unserer Gesellschaft eingehen. Eigentlich knüpft auch das an den vorher zitierten Vers 17 an. Noch immer sind wir Frauen ja tatsächlich nicht gleichberechtigt, was auch die kürzlich wieder einmal ermittelten fast 30 Prozent weniger Lohn bei gleicher Arbeit in Deutschland und Österreich zeigen. Allein dass diese eindeutig verfassungswidrige Tatsache klaglos hingenommen wird, ist ein trauriges Zeichen. Dabei ist die Gleichberechtigung der Geschlechter sowohl im deutschen Grundgesetz, Artikel 3ff., als auch in der UN-Menschenrechtserklärung von 1948, in der Präambel und auch in der Europäischen Menschenrechtsordnung verankert. Dies zeigt nur, dass wir immerhin schon einmal den geistigen Anspruch daran haben. Im Leben miteinander jedoch sieht es auch in unseren angeblich fortschrittlichen westlichen Nationen noch anders aus. In den USA wird bis heute ein Ehepaar gemeinsam unter dem Vor- und Familiennamen des Mannes eingeladen. Die Ehefrau existiert so nicht als eigenständige Person. Auch das Ehe- und Familienrecht mit seinen späten und sukzessiven Reformen zu Gunsten der Ehefrauen zeigt uns an manchen Stellen, dass Frauen in gewisser Weise immer noch wie das Eigentum des Ehemannes betrachtet werden.

Bevor du jetzt gleich widersprichst, weil du dies in deinem Erleben vielleicht nicht so stark erfährst, möchte ich die geschiedenen älteren Ehefrauen als Argument anführen. Sie erfahren sehr oft schmerzlich, dass sie nach einer Trennung von wenigen Ausnahmen abgesehen von heute auf morgen gesellschaftlich nicht mehr existieren. Sie werden nicht mehr eingeladen. Sie gehören nicht mehr dazu. Während der Ehemann von nun an überall mit seiner neuen Freundin als Lebenspartnerin auftauchen kann und eingeladen wird. Dies trifft heute vielleicht nicht mehr unbedingt im Freundeskreis des Paares zu, ist aber bei offiziellen gesellschaftlichen Anlässen die Norm. So kann eine getrennte oder verlassene Ehefrau von heute auf morgen aus ihrem eigenen Leben verschwinden. Eine verwitwete Frau hat dagegen, solange sie dem Toten treu bleibt, einen ganz anderen gesellschaftlichen Status.

Natürlich haben oft die Männer durch ihre berufliche Tätigkeit auch in der Gesellschaft eine andere Bedeutung als die dazugehörigen Ehefrauen. Doch zum einen haben in den letzten Jahrzehnten sehr viele Ehefrauen parallel zur Ehe und ihren Kindern ebenfalls eine berufliche Existenz ausgefüllt, und zum anderen sollten Mütter mit ihrer Leistung ebenso anerkannt und geschätzt werden. Ganz allgemein sollten Menschen wegen ihrer Persönlichkeit und nicht nur wegen ihres Status geachtet werden – bisher eine Utopie, wie auch ich als geschiedene Frau eines erfolgreichen Mannes, die selbst gleichzeitig erfolgreiche Trainerin und Beraterin ist, erfahren konnte.

Natürlich können die beiden Partner, die sich voneinander trennen, und hier ganz besonders der Ehemann, einiges davon durch offensiven und konstruktiven Umgang miteinander und der Umgebung abfangen. Aber leider gibt es immer noch viele Partner, die dazu nicht die Größe haben. Vor allem jedoch entscheiden sich auch Freunde und Bekannte des Trennungspaares meistens für den einfacheren Weg. Deswegen möchte ich ganz klar meinen Respekt für die Frauen bekunden, die nach bewusster Abwägung auch dieser Gründe die Entscheidung für sich treffen, in ihrer Ehe bleiben zu wollen. Wenn die Trennung nur von ihr angestrebt wird und sowohl den Verlust ihrer Kontakte als auch ihres sozialen Status und ihrer vertrauten Umgebung bedeuten würde, kann ihr dieser Preis zu hoch erscheinen.

Apropos Preis: Selbstverständlich kommen bei einer Trennung und Scheidung auch noch die damit verbundenen finanziellen Erwägungen ins Spiel. Diesen Punkt möchte ich nicht unerwähnt lassen. Heutzutage sind die gesetzlichen Regelungen, in der Theorie, schon sehr viel stärker auf Gleichberechtigung orientiert als in früheren Zeiten. Trotzdem müssen hier von Fall zu Fall die praktischen Folgen einer Trennung sehr genau überdacht werden, besonders wenn der Ehepartner nicht fair sein sollte. Wenn die Königin aber ihren inneren Standpunkt gefunden hat, findet sie auch ihre Lösungen für diese Fragen.

Es kann also der wirtschaftliche Aspekt auch ein Grund sein, eine Ehe in der Lebensmitte aufrechtzuerhalten. Jede Königin verantwortet ihre bewussten Entscheidungen vor sich selbst. Sie hat ihr Reich aufgebaut und will es erhalten. Das muss respektiert werden. Vielleicht wird sie ja nach dieser klaren Entscheidung innerhalb ihres Reiches dann aber doch die eine oder andere konstruktive Veränderung vornehmen. Denn eines sollte sie bei ihren Überlegungen mit Hinblick auf ihren Ehemann berücksichtigen: Die Untersuchungen zeigen, dass häufiger die langweiligen als die konfliktreichen Paare geschieden werden. Nur wer etwas tut, kann gestalten.

Also, Majestät, riskiere etwas! No risk – no fun!

Synergie als gemeinsame Erfolgsgrundlage

Wenn sich eine Frau in der Lebensmitte entscheidet, einen Mann an ihrer Seite zu haben, ob nun den schon lange vertrauten oder einen neuen Partner, ist sie selbst gefordert, für sich herauszufinden, wie sie den Platz neben sich besetzen möchte. Als Königin solltest du an dieser Stelle im Buch ein Gefühl dafür entwickelt haben, ob du allein regieren kannst und willst und deswegen mit einem Prinzen an deiner Seite klarkommst, oder ob du einen König neben dir möchtest. Hierzu möchte ich dir einen energetischen Aspekt der Beziehung ins Bewusstsein bringen. Denn immer wieder stelle ich in meinen Seminaren und Beratungen fest, dass die Paare unbewusst davon ausgehen, mit ihrem Partner zu einem Ganzen zu verschmelzen. Im günstigsten Fall sieht dies dann wie das klassische Yin-Yang-Symbol aus, bei dem beide Teile, der männliche und der weibliche, jeweils 50 Prozent der Anteil am Ganzen haben.

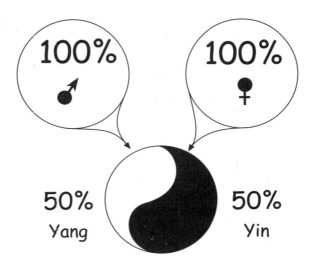

Im Alltag der Beziehung jedoch findet dann der ständige Machtkampf um die Mehrheit statt. So steht es dann mal 70 zu 30 oder 20 zu 80 Prozent. Im ungünstigsten Fall werden solche Verschiebungen von der Mittellinie dann auf die Dauer zu Ungunsten des einen sogar festgeschrieben. Doch auch der dann scheinbare Sieger des Machtkampfes hat verloren. Das Entscheidende nämlich ist: Bevor sich die beiden ineinander verliebt haben, hatte jeder für sich volle 100 Prozent! Durch die irrige Annahme, in einer Beziehung nur noch die »bessere Hälfte« vom anderen sein zu können oder zu müssen, verlieren die Partner in ihrem innerlichen Bewusstsein tatsächlich 50 Prozent auf einen Streich. Das ist die beste Grundlage für einen fortdauernden Machtkampf. Wer möchte schon gern so reduziert werden?

Früher waren die Frauen meistens jünger als die Männer, unerfahren und vor allem wirtschaftlich und rechtlich

Synergie als gemeinsame Erfolgsgrundlage

total abhängig von ihrem Mann. Heute sind beide Partner dagegen weitgehend selbstbewusst und eigenständig. Die Idee der »besseren Hälfte« bedeutet daher ein veraltetes Ehe- und Beziehungskonzept, das aber leider durch die Prägungen der Kindheit mit den dazugehörenden Rollenmustern in unserem Unterbewusstsein verankert ist und von dort aus bis heute wirkt. Es dauert eben länger, bis sich der heute mögliche und nötige gesellschaftliche Wandel der Lebensverhältnisse auch nachhaltig in diesen tiefen Schichten ausprägt.

Ich schlage für unser heutiges Beziehungsdenken folgendes Modell vor:

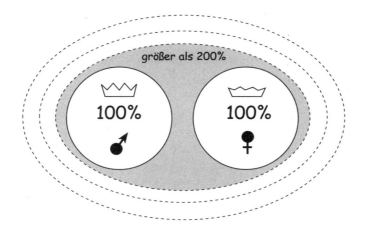

Hierbei bringen beide Partner jeweils ihre eigenen 100 Prozent der Persönlichkeit ein, um einen tatsächlichen Synergieeffekt zu schaffen. Synergie tritt dann ein, wenn das Resultat größer ist als die Summe der einzelnen Teile. In unserem Fall bedeutet das, dass die Wirkung der beiden eingebrachten Persönlichkeiten zusammen größer als 200 Prozent ist. Das zeigt hier die größere Umrandung, die die beiden 100-Prozent-Persönlichkeiten umschließt. Die Kraft der beiden Persönlichkeiten, wenn sie gemeinsam zusammenwirken, kann unterschiedlich groß sein. Das soll durch die gestrichelten Linien ausgedrückt werden. Wie groß sie tatsächlich ist, hängt vom positiven Zusammenspiel und der gemeinsamen Zielsetzung der beiden Partner ab. Doch selbst wenn sie zusammen nur 200 Prozent erzielen würden, ist dies immer noch doppelt so viel wie im alten Modell. Da hatte das Paar zusammen nur 100 Prozent.

Wie wird dies nun gelebt? Entscheidend ist das eigene Selbstverständnis als hundertprozentige Persönlichkeit und die volle Wertschätzung für die hundertprozentige Persönlichkeit des Partners. Diese Sichtweise entspricht dem natürlichen archetypischen Bild einer Königin und eines Königs und deckt sich auch mit den zuvor beschriebenen Definitionen des eigenen Lebens als persönlichem Königreich.

Wenn du bisher mit deinem Partner oder Ehemann noch nach dem alten Modell gefühlt und gehandelt hast, könnt ihr ab jetzt mit dem neu gewonnenen Selbstverständnis als Königin und hoffentlich auch als König positiv konstruktiv diesen Synergieeffekt von zweimal 100 Prozent zu einem größeren Ganzen leben.

Wie schon erwähnt, handelt es sich hierbei um eine energetische Betrachtungsweise. Es geht im Einzelfall immer um die Größe der Persönlichkeiten, die hier bewusst eingebracht werden. Eine große Persönlichkeit zeichnet sich durch ein zunehmend geklärtes und entspanntes Verhältnis zu sich selbst, innere Freiheit, die im Außen einen natürlichen und freien Ausdruck erfährt, und eine menschlich-liebevolle Großzügigkeit dem Partner und dem Leben gegenüber aus. Dazu gehört das Bewusstsein, nicht das Opfer einer Wirklichkeit zu sein, sondern die Freiheit zu haben, die Wirklichkeit zu gestalten. Die Wirklichkeit ist das, was auf mich wirkt. Ich nehme die Freiheit, dies gestalten zu können, verantwortlich an. Das bedeutet auch, dass ich mich nicht einfach in bequeme

Ausreden und Sachzwänge flüchten kann, wenn mir meine Wirklichkeit nicht gefällt.

Wenn ich meine eigene Wirklichkeit anerkenne, muss ich den anderen und den Andersdenkenden ebenso frei annehmen, weil ich akzeptiere und sogar schätze, dass er in einer anderen, eben der von ihm gestalteten Wirklichkeit lebt. Das kann mich auch neugierig darauf machen, seine Wirklichkeit kennen zu lernen. Auf dieser Basis kann ich meine Persönlichkeit mit ihren Stärken und auch Schwächen, ihren Fähigkeiten und Beiträgen, eben mein gesamtes Potenzial hundertprozentig in die Partnerschaft einbringen. Ich nehme dafür den entsprechenden Raum in Anspruch, denn ich bin mir bewusst, was ich anzubieten und zu geben habe. Ebenso gestehe ich auch meinem Partner frei und offen zu, dasselbe von seiner Seite zu tun und zu beanspruchen. So können unsere beiden Potenziale in allen entsprechenden Situationen ergänzend und synergetisch zusammenwirken. Hier spielt auch die Hingabe eine Rolle, die in diesem Fall beide Partner leben.

Dies klingt vielleicht beim ersten Lesen noch etwas kompliziert und theoretisch. Doch lass dich einfach mal darauf ein, dieses Modell gefühlsmäßig zu erfassen und umzusetzen. Damit öffnest du einen neuen Raum in dir für dich und damit ebenso eine neue Ebene für deine Partnerschaft. Wenn dies von beiden Partnern bewusst, freiwillig und kraftvoll gelebt wird, entsteht eine wahrhaft königliche Partnerschaft!

Nun, Majestät, wie wäre das?

Prinzen, Mogelpackungen und echte Könige

Du hast im Laufe der Kapitel dieses Buches in all deinen Lebensbereichen Bilanz gezogen, danach ganz klar deine Lebensgefühle definiert und materiell in deiner Lebenscollage sichtbar gemacht. Du hast mit vielen Fragen zu deiner Partnerschaft auch diesen Bereich für dich geklärt. Du weißt, was du anzubieten hast. Bist du nun bereit, es einem Partner offen anzubieten? Und bist du dir auch klar darüber, wem du es anbieten willst? Die Frage ist immer noch: Prinz oder König?

Für die bewusste Königin ist der Prinz kein wirklicher Partner. In dem Begriff »Partner« steckt ja das Wort »Part«, also »Teil«. So wie wir mit dem Modell der synergetischen Partnerschaft diesen Teil beschrieben haben, findet dies in einer Beziehung zwischen Königin und Prinz nicht statt. Es fehlt die gemeinsame »Augenhöhe«, derselbe Blickwinkel auf das jeweils eigene Reich. Dies bedeutet, die innere Freiheit, in voller Verantwortlichkeit die eigene Wirklichkeit zu gestalten. Zur eigenen Wirklichkeit des Mannes gehört ja auch die Beziehung mit der Königin. Nur wenn beide ebenbürtig aufeinander zugehen, entsteht durch die Gleichgewichtigkeit die Balance in der Beziehung.

In diesem Bild hat der Prinz noch nicht die innere Freiheit und Größe, vollverantwortlich im Geben und Nehmen die eigene und die gemeinsame Wirklichkeit zu gestalten. Dies vor allem deshalb, weil er bisher nicht bewusst die nötigen Reifeschritte vollzogen hat. Und damit ist der vielleicht sogar freiwillig gegebene Teil des Prinzen nicht gleichwertig im Vergleich zum gegebenen Teil eines partnerschaftlichen Königs, der in diesem Sinne gleichwertig mit der Königin ist.

Dies heißt nun nicht, dass die Königin mit ihrem gewählten Prinzen nicht auch glücklich sein kann. In unserem Modell sind ja die Partner freie und eigenständige Persönlichkeiten sowohl vor als auch während der Beziehung und im Zweifelsfall, dies ist ein weiterer Vorteil dieses Modells, natürlich auch nach einer Trennung. Für die Königin, die sich einen Prinzen an ihre Seite wählt, bedeutet dies keine Einschränkung in ihrem Lebensgefühl, allerdings verzichtet sie auf die positive Potenzierung der Energien und Kräfte durch den Synergieeffekt. Kritisch wird es, wenn der Prinzgemahl so sehr in seiner Entwicklung stecken bleibt, dass er die Königin mit Erwartungen und Forderungen, vielleicht auch Eifersucht seinerseits oder Gründen zur Eifersucht ihrerseits, nämlich Affären, belastet. Beides, Eifersucht und Affären, ist meist Ausdruck dafür, dass er noch mehr Aufmerksamkeit bekommen will, wie ein quengeliges Kind. Wohlgemerkt, das ist nicht nur eine Frage des Alters. Es gibt viele in ihrer Persönlichkeitsentwicklung zurückgebliebene Prinzen auch im fortgeschrittenen Alter, die oftmals ihren unreifen Prinzenhabitus mit Jugendlichkeit verwechseln. Unterstützt werden sie dabei häufig von ihren Frauen, die die Launen und Ansprüche hinnehmen. So terrorisieren diese Prinzgemahle mit ihrem Verhalten die Frauen an ihrer Seite und verhindern damit häufig auch deren persönliche Weiterentwicklung. Durch die tatsächliche Unsicherheit, die sich hinter ihrem Verhalten verbirgt, müssen sie ihre Partnerin schwach und abhängig halten, da sie sich sonst mit ihren eigenen Problemen auseinandersetzen müssten.

Diese Netze von Abhängigkeiten schaffenden Prinzen verstehen es sehr oft, ihre Schwächen vor sich selbst und nach außen mit vermeintlicher Stärke zu kaschieren. So treffe ich in meinem Arbeitsumfeld als Beraterin von Unternehmern, Managern und Führungskräften immer wieder genau diesen Typ. Nach außen extrem erfolgreich, ausgezeichnet mit Anerkennung, allen Statussymbolen und hohem Einkommen, in der Mitarbeiterführung mit einem Stab von Leuten ausgerüstet, aber in den direkten menschlichen Beziehungen und dort besonders im intimen privaten, eben emotionalen Bereich, in der Entwicklung verkümmert. Ein solcher »emotionaler Krüppel«, der im Beruf so viel schultert, kann im Privatleben eine sehr Kräfte zehrende Herausforderung für die Frau an seiner Seite sein.

So ist sie nicht nur Geschäftsführerin in Haushalts- und Familienangelegenheiten, sondern meist auch Alleinverantwortliche in Beziehungsangelegenheiten.

Doch weil diese Männer in ihrem Wirkungsfeld außen wie Könige erscheinen, glauben tatsächlich viele ihrer Frauen, dass sie einen König zu Hause haben. Stattdessen haben sie dort einen quengeligen Hochstuhl-Tyrannen, der fordernd ihre Aufmerksamkeit und Pflege beansprucht. Diese Könige sind eine Mogelpackung! Und weil sie ständig von allen Seiten in ihrer Herrlichkeit bestätigt werden, können sie oft ihre persönlichen Entwicklungsdefizite für sehr lange bis immer kompensieren.

Für die Königin, die hier erkennt, dass der König an ihrer Seite trotz aller äußerlichen Insignien ein unausgereifter »Under-Cover-Prinz«, eben kein guter und reifer archetypischer König geworden ist, ist es eine echte Herausforderung, sich aus seinem Netz der Abhängigkeiten zu befreien. Nur allzu leicht finden diese Pseudo-Könige in ihrem Umfeld immer wieder Frauen, die ihre Bedürfnisse ohne persönliche Entwicklungsschritte seinerseits erfüllen. Oftmals existieren diese Frauen bereits inoffiziell parallel zur offiziellen Beziehung und Familie. Hier muss die Königin sehr klug und weise nach ihren ganz eigenen Kriterien und ihrem angestrebten Lebensgefühl abwägen, entscheiden und handeln.

Noch etwas zu den Prinzen. Wenn der Prinz an deiner Seite trotz seines fortgeschrittenen Alters immer noch eine starke Bindung an seine Mutter, egal ob sie noch lebt oder bereits verstorben ist, hat, dann ist auch dies ein sehr belastender Aspekt für die Weiterentwicklung der Königin in ihrer Beziehung. Prinzen mit »zu viel Muttermilch« haben die fatale Neigung, auch weiterhin mütterliche Liebe abzufordern. In den Jahren, in denen du selbst Mutter von Kleinkindern warst und ihr als gemeinsames Ziel eure Kinder aufgezogen habt, mag dies noch irgendwie funktioniert haben. Aber jetzt, in der Lebensmitte, wo du als Königin ein neues Leben beginnst und nun frei von den Mutterpflichten der jungen Jahre endlich ganz Frau sein kannst, kann ich dir nur dringend abraten, dich in die Mutterrolle für einen, wenn auch noch so charmanten, Prinzen drängen zu lassen. Mütter haben oft die in ihrer Wirkung tragische Neigung, ihren Prinzen zu erziehen und zu kritisieren. Dies schafft anstelle einer Balance in der Beziehung ein familienhierarchisches Gefälle, das sich nicht gerade förderlich auf die Anziehung zwischen Mann und Frau auswirkt. Besonders wenn du dich auch auf die erotische Seite deiner Beziehung freust, mach dir zusätzlich bewusst, dass kein Mann über längere Zeit wirklich freien und natürlichen Sex mit seiner Mutter haben wird. Schluss mit Mamis Liebling!

Um den schönen Synergieeffekt einer erfüllenden Beziehung zwischen Mann und Frau, Königin und König, leben zu können, müssen sich beide Partner im zweiten Leben endgültig und bewusst von ihren Eltern abnabeln, um sich frei begegnen zu können. Über das Verhältnis zu unseren Eltern ab der Lebensmitte haben wir ja bereits gesprochen.

Wichtig für das Königliche Paar

Wenn nun Königin und König gemeinsam im zweiten Leben eine Beziehung aufbauen – gleich, ob sie die bestehende umbauen oder sich zwei neue Partner gefunden haben –, wird es dieses Mal im Gegensatz zu den Beziehungen der frühen Jahre wahrscheinlich keinen Kinderwunsch mehr geben. Es ist allerdings das Phänomen einer großen Liebe, dass beide Partner ein Kind voneinander wollen, als Ausdruck und Fortbestand dieser sehr intensiven Verbindung. Die unromantische biologische Erklärung:

Natürlich die Arterhaltung. Sie ist gekoppelt mit unserem Schöpfungstrieb. Das heißt, wir wollen in unserem Leben gern etwas schöpfen und schaffen und diesen Ausdruck unseres Selbst zeigen. Schon kleine Kinder zeigen gern, was sie Tolles gebaut haben. Und wie leicht können wir auch als Erwachsene traurig, irritiert oder aufgebracht sein, wenn jemand anderer sich mit unseren Leistungen und Errungenschaften schmückt und brüstet. Wir wollen gern über das, was wir von uns zum Ausdruck bringen, wahrgenommen und anerkannt werden.

Wenn nun zwei Partner von den beiden entfernt liegenden Planeten Venus und Mars mit der hohen Anziehungskraft der sexuellen Energien zueinanderkommen, dann wollen sie dies gemeinsam umso mehr. Mit diesen sexuellen Anziehungsenergien produzieren die beiden dann als Ausdruck ihrer verbundenen Schöpfungstriebe ein Baby. Deswegen kommen auch häufig in neuen Beziehungen, trotz der gerade verlassenen Kinder in der alten Beziehung, ziemlich schnell wieder neue Babys.

Wenn die beiden Partner jedoch, besonders mit dem Selbstverständnis einer Königin und eines Königs, in späteren Jahren zusammenkommen, entfällt mehr und mehr diese Möglichkeit, gemeinsam schöpferisch tätig zu werden. Ein Baby für Eltern, bei denen auch die Mutter bereits über 50 Jahre alt ist, ist aus medizinischer Sicht heute durchaus gesund und möglich und wird vielleicht in den nächsten Jahren auch immer mehr zur anerkannten Norm werden. Diese Möglichkeit wird aber oft von diesen Paaren ganz bewusst nicht gewählt, weil sie nun andere Schwerpunkte leben wollen.

Doch ein Kind verkörpert neben der hohen Verantwortung und dem immensen zeitlichen Einsatz, den das königliche Paar aus nachvollziehbaren Gründen vielleicht nicht erbringen will, vor allem jedoch eine gemeinsame Aufgabe und ein gemeinsames Ziel. Wenn dies entfällt, ist es für die beiden wichtig, andere, die Beziehung erfüllende Gemeinsamkeiten zu schaffen. Fehlt das, besteht sowohl bei den Paaren, bei denen die gemeinsamen Kinder das Haus verlassen haben, als auch bei neuen Paaren die Gefahr, dass die Beziehung mittelfristig zu einer Wohngemeinschaft ohne gegenseitig befruchtende Anziehung wird. Aber gerade diese Anziehung entsteht und bleibt nur erhalten, wenn beide immer wieder voller Interesse aufeinander zugehen, die Nähe genießen, gemeinsam etwas gestalten, um dann wieder in einer gewissen Distanz zum anderen die eigene Identität zu leben und diese Erfahrungen wieder fruchtbar in die Beziehung einzubringen. Nur diese Anziehung macht es den Partnern möglich, sich gegenseitig liebevoll zu unterstützen und gleichzeitig durch die Impulse aus der Beziehung die persönliche Entwicklung des anderen zu fördern. So wirkt die synergetische Beziehung wie ein Kraftfeld, in dem sich beide Partner frei in der Ausgewogenheit von Nähe und Distanz miteinander bewegen können.

Ein kleiner Warnhinweis für die Königin

Das Bedürfnis, den Partner, sobald er in der Beziehung ist, verändern zu wollen, erscheint mir besonders bei Frauen sehr ausgeprägt. Dieselben Frauen, die mit großer Begeisterung und romantischen Seufzern von dem Mann schwärmen, in den sie sich gerade verliebt haben, beginnen in dem Moment, in dem sie mit ihm beidseitig eine verbindliche Beziehung beginnen, mit ihrem furchtbaren Veränderungshandwerk. Ich vergleiche die Männer gern mit kraftvollen Eichenbäumen. Die Frau verliebt sich in diesen wunderschönen großen und starken Eichenbaum. Doch spätestens an dem Tag, an dem sie zusammenziehen, holt sie ihre Kettensäge hervor und beginnt ihn zu stutzen. Das Tragische dabei ist, dass die Männer sich meistens nicht einmal wehren, wenn sie Ast für Ast ihre Kraft genommen bekommen. Am Ende hat sie mit ihrer Heckenschere einen Bonsai aus ihm gemacht. Das klingt vielleicht im ersten Moment noch witzig, aber die Tragik dabei ist, dass sie ihn zwar bezwungen hat, aber nun seine Kraft vermisst und ihn nicht mehr begehren und bewundern kann. Nun, welche Frau kann sich auch an eine verwinzigte Bonsai-Eiche anlehnen?

Die Idee, einen Mann zu formen, wie es Frauen vielleicht früher auch als ihren Erziehungsauftrag bei den Kindern gesehen haben, wird auch heute oft noch als Rede geführt: »Dann wird er zurechtgestutzt!« Frage dich, welches Lebensgefühl du mit deinem Partner in deiner Liebesbeziehung haben möchtest. Wenn du eine glückliche und synergetische Beziehung als Königin haben möchtest, verbieten sich diese Handwerksarbeiten von selbst! Und ein richtiger König lässt sich auch nicht auf klein zusammenschneiden!

Die echte Königin verkörpert die schönste Weiblichkeit

Das Wichtigste für die Anziehung in der Partnerschaft ist, die Unterschiedlichkeit vom Weiblichen und Männlichen zu erhalten, zu fördern und zu genießen. Wie schon beschrieben, schaffen diese beiden Pole den ganz besonderen Magnetismus zwischen den Geschlechtern. Deswegen empfehle ich der Königin, ihre Weiblichkeit ganz bewusst zu leben und stärker werden zu lassen. In den meisten Fällen wird der König dadurch automatisch auch männlicher werden, und die Anziehung wird stärker.

Wir Königinnen, geboren in der Mitte des vergangenen Jahrhunderts, sind durch die Aufklärungswelle, die Emanzipationsbewegung, die wiederum ein Teil der 68er-Bewegung war, und die Auflösung und den teilweisen Zerfall vieler starrer gesellschaftlicher Normen zu vielem Guten, aber eben leider auch ohne positives Bewusstsein für die eigene Weiblichkeit erzogen worden. Der Schwerpunkt für die Frauengeneration, die damals für uns heute selbstverständliche Freiheiten für die Frauen erkämpft hat, lag in der Gleichberechtigung der Frau und somit in der Betonung der gleichen Fähigkeiten, Chancen und Gesetze für sie. Weiblichkeit hat in dieser Zeit den Makel von Minderwertigkeit im Verhältnis zur herrschenden Männlichkeit gehabt. Heute dagegen geht es um die Stärken und die Stärkung der Weiblichkeit. Damals reagierte die Mode mit immer männlicher werdenden Stilmerkmalen, der Betonung von schmalen Hüften und kleinen Busen, dafür aber überbreiten Schultern und jeglichem Verzicht auf typisch weibliche und damit verführerische Details. Am Ende hatten wir quasi eine Unisex-Mode, deren erotische Aussage gegen Null tendierte. Vor einigen Jahren fing zunächst die Dessousmode an, die Weiblichkeit eines Frauenkörpers wieder zu betonen, und nun können wir eine immer weiblicher werdende Modewelle, bis hin zu einer im Berufsleben kaum tragbaren verführerisch weiblichen Kleidung für Frauen sehen.

Trotzdem fehlen uns ganz häufig die passenden Bewegungen und Verhaltensmuster einer wirklich weiblichen Frau dazu. Das Selbstbewusstsein, dass wir in unserer Generation erlernt haben, um durch die sich verändernden gesellschaftlichen Verhältnisse »unseren Mann stehen zu können«, hat uns Frauen Haltungen, Einstellungen, Sprachformen und eine Körpersprache entwickeln lassen, die oftmals noch im krassen Gegensatz zu zarter Seide, Rüschen, Glitzer und Glamour, hohen Absätzen, tiefen Dekolletees und langen Wimpern stehen.

Doch ich bin hier sehr optimistisch. Wenn wir Frauen immer mehr unsere Weiblichkeit in Kombination mit unseren inzwischen anerkannten Fähigkeiten, Rechten und Möglichkeiten selbstbewusst und frei leben können, werden wir auch unseren äußeren Ausdruck dazu finden. Und dies bis ins hohe Alter hinein, also bis an unser hoffentlich spätes Ende. Für die Frauengenerationen vor uns bedeutete die Menopause das Ende der Weiblichkeit. Heute, wo wir noch einmal eine ebenso lange Lebensspanne ohne Eisprünge vor uns haben wie zuvor mit Eisprung und Fruchtbarkeit und diese vital, attraktiv und selbstbewusst genießen können, können wir eine neue, freie Weiblichkeit für uns und die nachfolgenden Generationen entwickeln. In dem Maße, wie in der zweiten Hälfte des vergangenen Jahrhunderts die Frauen den Zugang zu ihrer Weiblichkeit verloren haben, wurden auch die Männer immer weniger männlich. Jetzt schauen wir gemeinsam auf die vor uns liegenden Jahrzehnte und haben zusammen die Chance, als wirklich gestandene und weibliche Frauen mit gestandenen und wirklich männlichen Männern erfüllende und spannende Liebesbeziehungen zu leben.

Ein interessantes männliches Beziehungsbuch dazu ist »Der Weg des wahren Mannes« von David Deida, das ich auch den Königinnen als Lektüre empfehlen kann. Es vermittelt den Männern einen aufschlussreichen Zugang zu ihrer Männlichkeit durch Ausführungen über die Weiblichkeit aus männlicher Sicht. Deida beschreibt unter anderem, wie kraftvoll und oftmals verkannt wir Frauen in unseren Beziehungen für die Liebe kämpfen, und zeigt dann die männlichen Lösungswege auf. Es ist für Männer ein durchaus provokatives Buch. Aber auch wir Frauen sind gefordert, wenn wir mit unserem Selbstbild im Verhältnis zum Fremdbild der Frau aus der Sicht des Mannes konfrontiert werden.

Wir, Deida und ich, stimmen darin überein, was die Basis für eine starke Beziehung ausmacht: Die ist gegeben, wenn die Könige ihre Männlichkeit bewusst und kraftvoll leben und die Königinnen auf ihrer Seite ihre Weiblichkeit ebenso voller Bewusstsein und Kraft ausleben und beide Partner in der Beziehung den jeweils anderen so annehmen und lassen können, wie sie ihn kennen und lieben gelernt haben.

Die erotische Königin

Ich habe lange überlegt, inwieweit ich innerhalb dieses Buches speziell auf dieses Thema eingehen soll. Grundsätzlich glaube ich, bestätigt durch die langjährigen Erfahrungen mit meinen Klienten und Seminarteilnehmern, dass das Leben über wunderbare Selbstregulierungsmechanismen verfügt und diese im Zusammenhang mit der unglaublichen Anpassungsfähigkeit der Menschen beeindruckende Lebensläufe kreieren. Das bedeutet ganz praktisch für mich, dass ich oftmals in meiner Arbeit nur auf die in den Köpfen entstandenen ungesunden und anstrengenden Widerstände gegen den natürlichen Energiefluss des Lebens aufmerksam machen und die Bereitschaft für die freie Hingabe an den Strom des Lebens wieder wecken muss. Danach regelt sich vieles wie von selbst. Auf die Erotik als einem wichtigen Bestandteil einer Liebesbeziehung bezogen habe ich das oft ähnlich erlebt: Werden die Einstellung zur Beziehung und die damit verbundenen Überzeugungen in ein gesundes fließendes Zusammenspiel gebracht, kann das – zumindest, wenn die Partner zusammenpassen – auch eine erfüllte Sexualität zur Folge haben.

Andererseits erfahre ich in meinen Beratungen immer wieder, wie unterschiedlich befriedigend und lustvoll wir Frauen unsere Sexualität erleben. Dies hängt natürlich auch damit zusammen, welche Archetypen in uns bisher unter welchen Lebensbedingungen die Führung übernommen haben. Je nach deren Ausprägung erleben Frauen eine sehr unterschiedliche Sexualität und erotische Erfüllung. Hinzu kommen natürlich die Prinzen und Könige, die das Bett mit uns geteilt haben. Leider, und hier werden jetzt wahrscheinlich einige männliche Leser ihre Probleme damit haben, gibt es unter ihnen nur wenige erotische Naturtalente, aber viele sexuelle Dilettanten, einige nur verklemmt, einige unschuldig unbeholfen, einige dominant territorial und dabei völlig unsensibel und viele liebevoll bemüht, aber dadurch weniger leidenschaftlich und romantisch. Und mancher hochpotente Fitnessprotz lässt vielleicht mit seiner Akrobatik von Muskeln und Potenz die Bettfedern beben, erzeugt aber mit seiner One-Man-Show leider nicht die delikaten Schwingungen im Herzen und im Unterleib seiner Partnerin, die daraus ein erfolgreiches Zwei-Personen-Stück machen könnten.

So bleiben über die Jahre viele Frauen in einer Art von erotischem Dornröschenschlaf! Vielleicht träumt Dornröschen ... doch sie schläft und schläft und schläft ... und wartet noch immer auf ihren Prinzen, der sie wach küsst und mit dem sie dann gemeinsam als Königin und König glücklich leben wird. Und vielleicht kommen viele Prinzen, die die Prinzessin im erotischen Dornröschenschlaf zwar küssen, aber sie eben nicht wach küssen.

Anstatt nun als Prinzessin die eigenen erotischen Träume einzuschläfern und Zweifel an der eigenen Sexualität zu entwickeln, sollte sie genau umgekehrt verfahren! Gehe ich über die Jahre in den sexuellen Tiefschlaf, wird meine erotische Ausstrahlung ebenso einschlafen. Stehe ich jedoch zu meinen erotischen Träumen und sexuellen Wünschen, werde ich eine wache Erotik ausstrahlen. Hier kann natürlich das Problem auftauchen: Was mache ich mit meiner Beziehung, wenn andere Männer sexuell auf mich reagieren und ich dies zu genießen beginne?

Damit sind wir wieder in unserem Thema. Diese Bedenken hatten vielleicht eine ganz andere Bedeutung in den

Die erotische Königin 213

Jahren, als wir junge Ehefrauen und Mütter waren. Heute jedoch, wo wir ein zweites Leben mit anderen Schwerpunkten vor uns sehen, dadurch neue Chancen angeboten bekommen und dafür die innere Freiheit besitzen, können wir diese Herausforderung ganz anders annehmen.

Deswegen habe ich mich schlussendlich doch entschieden, diesem Thema ein eigenes Kapitel zu geben.

In einer Beratung hatte ich kürzlich eine Klientin mit einem maximal als nicht beunruhigend zu bezeichnendem Sexualleben, die kurz vor ihrem 50. Geburtstag stand. Wir schauten uns ihre Beziehung an, und sie stellte tatsächlich die Frage, ob es nicht sowieso besser sei, die ganze Sexualität von nun an klaglos einschlafen zu lassen, zum einen weil die Frauen das schon früher immer spätestens ab der Menopause so gemacht hätten, und zum anderen weil es ja bei ihr sowieso nie so recht geklappt hätte. Dieses Dornröschen wollte tatsächlich aufgeben! Was für ein Gedanke im Hinblick auf die vielen Jahrzehnte, die noch vor ihr liegen!

Wir treffen hier auf ein höchst unerotisches Altersparadigma: Tatsächlich gehen selbst heute noch viele jüngere Leute davon aus, dass das Sexualleben spätestens um die 60 herum zum Erliegen kommt. Das Erliegen im wörtlichen Sinne wird den Männern zugesprochen, während wir Frauen einfach wegen der Menopause mit den Blutungen auch jedes erotische Interesse zu verlieren haben. Deswegen werden auch häufig von diesen Jüngeren Liebesbeziehungen älterer Menschen entweder als platonisch-putzig oder hormonell fehlgesteuerte Peinlichkeit beurteilt. Oftmals habe ich über diese Einschätzung gelächelt und gedacht, dass sich diese Sichtweise im Laufe der Jahre und des Älterwerdens auch bei diesen Leuten »verwachsen« wird. Doch jetzt scheint es mir wichtig, darauf aufmerksam zu machen, dass der wiedergeborene Phoenix auch erotisch neugeboren wird!

Selbstverständlich kann keine von uns, selbst mithilfe von Medikamenten die Tatsache der Menopause verleugnen. Wie sie sich jedoch auf unser Leben auswirkt, kann jede von uns mitgestalten. Ob wir zu einem menopausalen Neutrum werden, ob und wie intensiv wir unter den gern »Beschwerden« genannten Wechseljahreserscheinungen leiden oder ob wir währenddessen und danach unsere Sexualität, nun unbelastet vom Verhütungsstress und nächtlichen Kinderbedürfnissen, ganz frei ausleben wollen – alles dies können größtenteils wir selbst entscheiden.

Dass Sexualität tatsächlich ganz wesentlich mit dem Bewusstsein zu tun hat, also »im Kopf stattfindet«, wie es so schön heißt, beweisen viele Beispiele aus dem zölibatär lebenden Klerus ebenso wie von Alleinlebenden, aber auch ganz schlicht von Menschen, die durch Fokussierung auf eine Aufgabe oder ein Projekt für einige Zeit die Sexualität völlig aus ihrem Leben verdrängen. Das bedeutet also, dass wir nicht nur wie beim Autogenen Training unsere Körpertemperatur mit unserem Geist bewegen können, sondern tatsächlich mit unserem Bewusstsein auch bestimmte hormonelle Verhältnisse in unserem Körper steuern können. Mich überzeugte hierzu vor einigen Jahren ganz besonders die Geschichte einer jungen Frau, die mit ihrem Mann zusammen ein Kind adoptierte, weil sie selbst keine Kinder bekommen konnten. Das Adoptionsverfahren zog sich über einige Monate hin. Zum Termin der Übergabe des Babys hatte es die »werdende« Mutter tatsächlich mit ihrem Bewusstsein geschafft, Milch in ihren Brüsten entstehen zu lassen, und konnte so ohne Schwangerschaft ihr adoptiertes Baby selbst stillen. Als ich dies damals in einem wissenschaftlichen Buch las, wurde mir bewusst, was wir alles, auch ohne die Spezialausbildung eines Yogi, mit unserem Bewusstsein vermögen.

Auf unsere Sexualität bezogen heißt das: Jede von uns kann sich, abgesehen natürlich von ernsten Erkrankungen und bestimmten Medikamenten, auch in diesem Bereich frei und unabhängig von vorgegebenen Ideen dazu entscheiden, wie sexy, erotisch und lustvoll sie als Frau sein und leben will. Aus den Erfahrungen der Frauen, mit denen ich in den vielen Jahren zusammengearbeitet habe, und auch aus meinen persönlichen Erfahrungen als Frau, die eine sehr starke Chemotherapie an sich durchführen ließ und der die Ärzte alles andere als eine zurückkehrende, lustvolle Sexualität prognostiziert haben, kann ich dir nur sagen: Dein Bewusstsein entscheidet unabhängig vom Alter und anderen Gegebenheiten über dein erotisches Leben als Frau! Genieße dieses Wissen und setze es zu deinem Besten ein!

Noch eine kleine Anmerkung: Achte in der nächsten Zeit einmal auf Paare, die im zweiten Leben stehend eine besonders schöne Ausstrahlung zusammen haben. Neben dem Fakt, dass dies häufig Paare sind, die sich erst in der Mitte des Lebens zusammengetan haben, haben all diese Paare eine besondere romantisch-erotische Ausstrahlung. Dort ist spürbar ein männlicher Partner mit einer wirklich weiblichen Frau verbunden. Lass dich für deine Beziehung von einem solchen Charisma inspirieren!

Majestät, ich wünsche dir viel Glück, Freude und Erfüllung in deiner Liebesbeziehung!

Epilog

Ein paar Tage vor der Fertigstellung dieses Buches erlebte ich eine kleine Episode, die ich zum Abschluss kurz wiedergeben möchte.

Ich war zu einem Abendessen eingeladen, und mein Projekt wurde zum Gesprächsthema. Ich schilderte die Kerngedanken des Buches, als ein Herr von Mitte 50 etwas spöttisch sagte: »Selbst wenn wir tatsächlich noch so lange leben werden, ist diese zweite Lebenshälfte gesundheitlich, beziehungsmäßig, sexuell und geistig ja wohl in keiner Weise mit den ersten 50 Jahren zu vergleichen!« Bevor er in die wenig erbaulichen Ausschmückungen seiner These einsteigen konnte, unterbrach ich ihn und sagte zu seiner Verblüffung: »Ja, Sie haben völlig recht! Genau darum geht es!« Dann ergänzte ich: »Dieses zweite Leben ist nämlich hoffentlich nicht der schwache Versuch einer Wiederholung des bereits gelebten Lebens und auch nicht der von vornherein verlorene Kampf um den Erhalt einer früheren Jugendlichkeit. Das Ziel ist eine Erweiterung der Persönlichkeit mit neuen Qualitäten im Leben! Dazu gehört das offene Einlassen auf völlig neue Erfahrungen mit einem erfahrenen und klareren Geist, auf bereichernde Beziehungen, auf einen gereiften Körper und eine genießerische Sexualität.«

Seine Frau wollte ihn unterstützen, indem sie einwendete, ich könne ja wohl nicht leugnen, dass besonders für uns Frauen die letzten zwei Punkte mit zunehmendem Alter immer kritischer umzusetzen wären. Sie argumentierte dabei mit dem Zitat einer Schauspielerin, dass eine Frau eines Tages zwischen 50 und 60 beim Betreten eines Raumes realisieren müsste, dass sie nun nicht mehr die Blicke der Anwesenden, besonders der anwesenden Männer, auf sich ziehen würde. Dies wäre quasi das Ende der Attraktivität für uns Frauen. Wiederum antwortete ich zur Verblüffung meines Gegenübers mit einem:»Ja.... was die derzeit gefragte jugendliche Attraktivität betrifft, haben sie bestimmt recht!« Dann beschrieb ich jedoch kurz das Bild und den Unterschied zwischen der Prinzessin und der Königin und fragte, worauf es ankommt, wenn eine wirkliche Königin einen Raum betritt. Ihr Charisma und ihre Souveränität ziehen die Aufmerksamkeit an! Die Persönlichkeit einer Königin ist unabhängig von ihrem Alter.

Unsere Gastgeberin, eine wirkliche faszinierende Frau Anfang 60 mit einer wunderbar lebendigen Ausstrahlung, schmunzelte und sagte zustimmend:»Die kluge Königin weiß übrigens, jede Zeit hat ihre eigenen Genüsse! Ich möchte keinen Tag jünger sein. Noch nie habe ich mich mit mir und meinem Leben so gut verstanden wie jetzt!«

Nach dieser Aussage entwickelte sich eine lebhafte Diskussion über die Herausforderungen und Chancen der Lebensmitte.

Ich möchte an dieser Stelle noch einmal auf Jung zurückkommen. Das, was er mit Individuation bezeichnet, ist genau das Thema in diesem Buch gewesen. Ich habe diesen Begriff vorher nicht verwandt. Beim Schreiben habe ich nämlich die interessante Erfahrung gemacht, dass ein Buch während seiner Entstehung ein eigenes Leben entwickelt. Es beginnt als Konzept, wird dann fließende Sprache und bekommt eine Dynamik wie ein lebendiges Gespräch. Vielleicht liegt es auch daran, dass ich beim Schreiben immer an eine Gesprächspartnerin gedacht habe. Zu ihr, also zu dir, habe ich gesprochen, und aus diesem Gesprächsprozess ist dieses Buch entstanden. Alles, was zu unserem Gespräch gehörte, ist darin enthalten. Den Begriff Individuation möchte ich dir nun abschließend als Bezeichnung für unsere Aufgabe, sobald wir uns bewusst mit unserem Leben auseinander setzen, mit auf den Weg geben.

Als Individuation wird nämlich der Prozess bezeichnet, bei dem der Mensch zu dem wird, wer er wirklich ist im Sinne seiner kompletten und komplexen Persönlichkeit. Zu diesem Prozess gehört auch das Überwinden der an uns gestellten Erwartungen, das Aufgeben der dazugehörenden Anpassung und das Infragestellen von Normen, Werten und Verboten. Hierbei ist es wichtig, ein eigenes Maß zu entwickeln, vollverantwortlich den eigenen Weg zu finden, wie wir es im Abschnitt über die Identität und die Identifikationen (Nur Mut zum eigenen Potenzial, Euer Hoheit!) beschrieben haben.

Wie würde das unsere Gesellschaft verändern, wenn alle Menschen diesen lebenslangen Prozess besonders ab der Lebensmitte bewusst eingehen würden? Es wäre eine Gesellschaft der starken und reifen Persönlichkeiten!

Dies bringt mich zu meiner Vision, die der Ursprung für dieses Buch war:

Der Club der Königinnen!

Wie klingt das? Wer möchte da nicht Clubmitglied sein?

Der Club der Königinnen steht für die Idee, dass wir Frauen in der Lebensmitte uns als neue und besondere Frauengeneration, vital, weiblich und hellwach, diese Chance einer noch nie da gewesenen verlängerten Lebenszeit vor uns bewusst und tatkräftig annehmen, und uns in diesem Bewusstsein zusammenschließen.

Wenn wir immer mehr Frauen um uns herum ebenso dazu ermutigen, entsteht daraus eine echte Bewegung. Dies wäre für uns und die gesamte Gesellschaft eine wunderbare, lebendige und interessante Entwicklung!

Bist du dabei?
Willkommen im Club der Königinnen!

Danksagung

Viele Menschen haben auf ganz unterschiedliche Weise zu diesem Buch beigetragen. Allen fühle ich mich dadurch dankbar verbunden.

Besonders danke ich meinem lieben Freund und Kollegen Samy Molcho dafür, dass er durch sein Insistieren und mit vielen Gesprächen dieses Buch wesentlich auf den Weg gebracht hat.

Meinen lieben Dank meinem Weggefährten Wolfgang Sonnenburg, der mich immer seit über 30 Jahren auf seine Art ermutigt und unterstützt hat.

Ich danke auch Marion Müller für ihre liebevolle und umsichtige Unterstützung.

Über die Autorin

Rebecca Bellin-Sonnenburg ist seit über 20 Jahren erfolgreiche Trainerin und Coach. Nach einem Kunstgeschichts- und Sprachenstudium studierte sie Kommunikationswissenschaften. Es folgten Trainer-Ausbildungen in Europa und den USA. Seit den 80er Jahren leitet sie eigene Seminarreihen und gibt Einzel-, Paar- und Gruppencoachings. Sie baute für eine US-Seminarorganisation eine Seminarplattform auf und führt auch firmeninterne Weiterbildungen durch. Sie ist spezialisiert auf das Intuitive Coaching, das der Schwerpunkt ihrer Arbeit ist. Ihr Motto: »Arbeite an deinen Schwächen – und du wirst mittelmäßig. Arbeite an deinen Stärken, baue sie aus – und du wirst herausragend!«

Kontakt
www.rebecca-bellin-sonnenburg.com
book@rebecca-bellin-sonnenburg.com
Rebecca Bellin-Sonnenburg
Postbox 10 00 48, 76481 Baden-Baden

**Ein Weg
aus der »Ja-sage-Falle«**

Ulrike Dahm
Starke Frauen sagen Nein
So lernen Sie sich abzugrenzen

224 Seiten, Broschur
ISBN 978-3-7205-2790-3

Nein zu sagen und sich abzugrenzen fällt Frauen schwerer als Männern: Selbst-los nehmen sie Dinge hin, unter denen sie körperlich oder seelisch leiden, weil sie glauben, nicht das Recht oder die Kraft zur Veränderung zu haben.
Die Paar- und Familientherapeutin Ulrike Dahm zeigt anhand von Fallbeispielen und konkreten Übungen, dass ein mündiges Nein nicht durch antrainiertes Selbstbewusstsein und kategorische Rebellion, sondern nur aus einer inneren Haltung der Selbstachtung und Würde entstehen kann.

So lernen Sie, Nein zu sagen, wenn Sie Nein meinen!

ARISTON

Annelie Keil
Dem Leben begegnen
Vom biologischen Überraschungsei zur eigenen Biografie

224 Seiten, gebunden mit Schutzumschlag
ISBN 978-3-7205-2851-1

Die menschliche Entwicklung folgt biologischen und universellen Lebensprinzipien – und wird von jedem einzelnen Menschen in einer einzigartigen Biografie neu erfunden, gestaltet oder umgesetzt. Wer den Traum von einem Leben in eigener Verantwortung verwirklichen will, muss sich mit seinem konkreten Dasein anfreunden und immer wieder die Herausforderung annehmen, die sich dabei bietet. Eine inspirierende Einladung, dem offenen Geheimnis des eigenen Lebens auf die Spur zu kommen und sich auf das kreative Abenteuer einzulassen, das in uns steckt.

ARISTON

David Richo
Wie die Seele erwachsen wird
Lieben lernen
Grenzen setzen
Innerlich reifen

190 Seiten, gebunden mit Schutzumschlag
ISBN 978-3-7205-2657-9

Als Kinder stellen wir uns das Erwachsensein ganz einfach vor. Doch sind wir erst erwachsen, stellen wir oft fest, dass das Leben ungeahnte Schwierigkeiten bietet, auf die wir nicht gut vorbereitet sind. David Richo zeigt uns verständlich und kompetent, wie wir zu einem reifen Umgang mit uns selbst gelangen und unser Leben selbstbestimmend gestalten.

ARISTON